金メダルへの道

生涯現役

目次

第二章　初代チャンピオンに

HAIRW

第三章　ヘアワールド２０１６〔その後〕

〈付記〉

第四章　OMCアジアカップ2012開催

まず、はじめに

この本は2016年（平成28年）3月に韓国であった「第36回世界理容美容技術選手権大会」の、50歳以上を対象としたマスター部門で、「70歳はすぐ隣り」の私が金メダルを獲得した、その〝一大事件〟を時系列で追ったものである。

そもそもなぜ私がこの無謀ともいえる挑戦にあえてチャレンジしようと思ったのか？　その理由は持論でもある「生涯現役論」を自らの行動で示すことにあった。

理美容という業《なりわい》は、技術を身につければ少ない資本で一国一城のオーナー（経営者）になれ、健康であれば70歳を過ぎても人々と触れ合え、現役で仕事が続けられる、実に素晴らしい職業である。日本の理美容の衛生的で高度な技術は世界に誇れるもので、さらに技を極めれば、オリンピック選手のように日の丸を背負って世界の舞台で戦うこともできる。このことを次世代を担うより多くの若者に知ってもらいたいと筆を執った次第である。

本書がより多くの人々の目に触れ、理美容を超えた日本の誇る高い技術を次の世代へつなぐ、一億総活躍社会を語るうえでの「ブルーカラー職種育成」に役立てばこれ以上の幸せはない。グローバル社会に生きる後輩たちが世界を目指す一助となればと願っている。

第一章

技への挑戦

「鶏口となるも、牛後となるなかれ」の思いで、理美容サロンの営みのみを考えていた私が理容の団体に携わったのは、昭和50年代。「人を動かすのは真心。夢のようなことを言わず行動あるのみ」と組織団体の活動に汗を流した。そして理美容の技を競う世界大会で頂点に立った。その「金メダル」の道までには、理容サロン経営者を応援する、技術・技能の発表（営業支援）、さらにいくつかの競技大会出場等々を越えてのことであった。

――生きがいは世の為人の為尽すにあり――

書は野僧巴人こと岩崎巴人画僧。

◇自らへの挑戦

少子高齢社会の到来をむかえて、生涯現役として長～く働ける定年のない理美容師の良さを実践で示そうと、２０１０年（平成22年）５月、私は理容の技を競う二つの大会〈第62回愛媛県理容競技大会と第60回記念神奈川県理容競技大会（横浜大会）〉に出場した。それは多くの人々や理容師に、やればできるという姿を示すことであり、また、何よりも私のサロンの後継者、わが子に「親の努力の後ろ姿を見せる」ことになるはずである。そして何と言っても「自らへの挑戦」であり、自らの強さ弱さは自らが知り、自らが見て知ることが重要だと感じたからにほかならない。

理容師の流儀

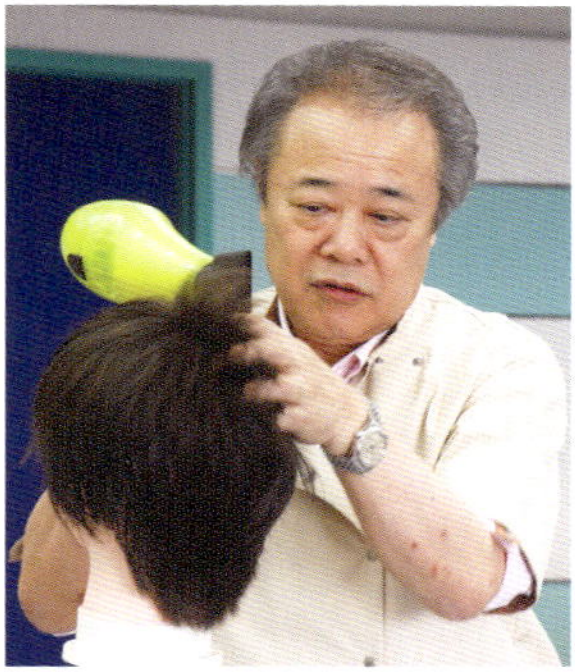

やればできると挑戦

◇フルムーンヘアとイケメンヘア

この挑戦はそれより約1年前の2009年（平成21年）5月、全国理容連合会役員改選による、理事長2期目の再任時に考えたことに始まる。当初より私は理念の一つに「理容の後継者育成」を掲げていたが、どんなに理容師後継者づくりに努力をしても、全国の理容サロンに営業力が育ってこなければ、理容業への若者の参入は難しく、仮に理容師希望者の獲得が実を結んでも、雇用力がなければ若者の健全な就業は困難であり、目的は成就しない。結論として、個々の理容サロンの経営力を上げることが最も重要と考えたのである。そこで、2期目は全国各地にある理容サロンへの営業力の支援策を「理容師の流儀」と名づけ、私の主導で取り組み、発表することとした。

そのスタートは、1981年（昭和56年）第33回全国理容競技大会・レディス部門優勝、また、世界大会日本チームのチーフトレーナーを務めた能登谷博樹さん指導のレディースカット「フルムーンヘア」であった。「理容師は美容師

今だからあなたに

作詞：大森敬夫　作曲：和田耕一

今だからあなたに

作詞：大森敬夫
作曲：和田耕一

一

越えた山だけ　月のみち
今だから言えることがある
二人に見える　星月よ
僕と夢を育てた日
凍える山道来ただけに
濡れたこの髪　あなたに作る
耳元過ぎる　春の風　変わらない愛
あなたに　素敵なフルムーンヘア
今だからあなたに　あなたに

二

越えた川だけ　月の舟
今だから歌える歌がある
二人に聴こえる　夕月か
僕と夢を育てた日
眠れぬ波間を来ただけに
乾いたこの髪　あなたに作る
襟もと過ぎる　秋の風　変わらない愛
あなたに　素敵なフルムーンヘア
今だからあなたに　あなたに

に比べてカットは上手」とよく言われていたが、そのことは理容の売上げアップにはなかなかつながらず、理容への女性客は少ない。そこで特に団塊の世代に合わせた女性ヘアスタイルを創作。そのヘアスタイルテーマ曲「今だからあなたに」も発表（作詞・筆者）し、そのヘアスタイルの普及に努めた。

その後、若者のヘアスタイル「イケメンヘア」の創作、「理容椅子でできるエステティック」、「出張福祉理容」のシステムづくり等々、女性や団塊世代層の理容師にも学べるような内容を盛り込んだのである。

あわせて私は、理容の技を競う大会にも自ら選手として出場。60歳を超えてのチャレンジが始まったのである。オシャレ業界の移り変わりは激しく、流行のヘアスタイルや競技の技が50歳、60歳以上の者に理解できるかどうかが問われる。２０１０年（平成22年）３月、世界理容美容機構（ＯＭＣ）アジア大会がインド洋のスリランカであったが、私が良いと感じたヘアスタイルはダメで、ダメと思った方が逆に良いという感性の違いに直面。つまり、私の感覚は「古い」に尽きると感じたのである。

そこでまずは「見る力」を養い、そして「創作力」をつける努力を日々することとした。前者についてはは若者向けのファッション雑誌はもちろんのこと、男女を問わず行き交う人々のヘアスタイルに興味をもち、見るように努めた（何者かと怪しまれないよう気をつけながら…）。

また、「創作力」については、1997年（平成9年）に私の住む松山市において「平成の坊っちゃん刈り全国募集」を行った時の最優秀者（チャンピオン）、東京の村上重雄さんにコーチ役を依頼。5月に予定している愛媛の競技大会にまず出場することを決心した。大会まで残り約1か月半、「果たして間に合うのか」を自問自答しながら、誰にも負けない練習を日々重ねた。一つだけプラス材料だったのは、その年の全国大会第1部門の競技内容が若者対象のヘアスタイル「イケメンヘア」に似ていたことである。

空気感をもたせ、立体感のある「イケメンヘア」

◇親と子（愛媛県大会）

２０１０年（平成22年）４月６日（月）、親子で技術を競い合い、「努力する親」を見せることが「背中で教える」ことにつながればと思い、わが子が出場を予定している愛媛県理容競技大会第一部門への出場申し込みを私もすませる。

４月15日（木）、神奈川県理容組合より１通の案内状が届く。内容は、愛媛県大会の翌日の５月18日（火）、横浜での「第60回記念競技大会、シニアフリースタイル部門」への特別出場の依頼であった。もちろん、出場を快諾。その大きな理由は、理美容業界では今や飛ぶ鳥を落とす勢いの全国理容連合会中央講師会、本田誠一名誉講師が出場と聞いたからである。本田さんは、あの「イケメンヘア」を私に教えた、その人である。私は相撲界でいう「恩返し」、つまり教わった人に勝つことを秘かに狙ったのである。

４月16日（金）、愛媛県の大会は全国理容連合会の全国大会出場の予選となるもので（優勝者のみがその年の全国大会に出場できる）、人間モデルが必要である。髪の質、容姿など、その人の感情を傷つけないようにいろいろと探す。さらに難しいのは、大会当日（月曜日）に1日拘束されることが可能なモデルでなくてはいけないことである。結局は、松山市内の理美容師養成校「河原ビューティモード専門学校」（河原次暸学園長）の生徒にすることを決めた。

この学校は私にとって「足を向けて寝られない」理美容師養成校である。その日から3年近く前のことであった。私は第1期卒業生であるにもかかわらず、愛媛県理容美容学校の理容科を廃科すると決定したのである。全国理容連合会の理事長を目指そうとする私にとって、地元の松山市に理容師養成校がなくなるとなれば一大事。愛媛県庁（平成17年4月13日）や香川県高松市にあった四国厚生局（同年5月10日）、さらには松山市内の高等学校（城南高校・同年4月22日）を訪ね、新たな理美容師養成校の開校に向けて懸命に動いた。

「無理かなぁ」と思いつつも「どうしてもやらなければいけない」という責任感。目標に向かって進み続ける日々…。そのことが功を奏し新設校となったのが、この河原ビューティモード専門学校（平成19年4月9日開校）なのである。

またその夜、勝つことは難しいであろう横浜大会の対応策がわが家で話題となった。神奈川県の理容技術レベルの高さを知らぬ者はいないほどであり、妻の孝子はプロボクサーの輪島功一が世界チャンピオンを目指した時の、強い相手に勝つ方法を「参考に」と話す。

「ボクシングで、相手に面食らわす蛙跳びをしたんよ」

「そうよのぉ！　しかし、カットやセットに蛙跳びはできんじゃろぅ」

「小よく大を制す、という言葉もあるじゃろうがねぇ、一度だけの何か驚かせる方法を考えるんよぉ」

私は考えた。過去、栄光に輝いた者は「勝つのは当たり前」という驕りが知らず知らずのうちに生まれているものだ。そんなプライドがあるがゆえに、ちょっとした読み違いが生じるとパニック状態に陥り、「負けてしまうかも…」と自分で自分を追い込んでしまうのではないか。しかし、私にはそんなプライドなど微塵《みじん》もない。限られた時間での同じ条件の競技では、素直な学びの気持ちと、負けないという反骨精神を持つこと。さらには「本番には強いんだ」という自負が、目に見えない力を生み出してくれるはず…。もちろん、練習という二文字の裏付けがあってこそのことだが。

妻が言った。

「段取りじゃろうねぇ、お父さんの得意な。そして勝つと決めたら、その手順どおりやり続けることじゃね」

理美容の大会でも、大きな大会出場には「トレーナー」がつき、トレーニングを重ねるが、私にはそれ以外にも力強い人生のマンツーマントレーナー（妻）がいた。

２０１０年（平成22年）４月29日（木・祝）、福島県組合の中野竹治理事長から練習用にとマネキンヘッド20個が届く。息子に勝つこと、そして日本を代表して活躍する神奈川チームへの挑戦が始まったのである（1日5回のヘアスタイルづくりを基本とした）。親子対決も話題になるだろうが、それより息子を奮起させるため、私の技術の凄さを見せようと時間をかけてヘアスタイルを創作。何気なくわが子の目につく所に置き、発奮させようとしたが、それはとんだ私の思い違いで、逆に息子のつくる技を見てビックリ。その髪型は、私が逆立ちしてもできない毛束を丁寧にまとめたヘアスタイルだった。

5月3日（月・祝）、大会本番のモデルで初練習をする。とても素直で性格は申し分ないモデルだけれど、髪質には問題点が多かった。髪が多く、硬く、前方向に生えていて、まさに理容師泣かせの髪質。かなりレベルの高いテクニックが求められそうだ。

その夜、何人かの理容師仲間に私と息子のヘアスタイルを見せたが、どうも私の方が劣っているようである。

5月4日（火）、練習は毎朝5時に起きて3回、夕刻に2回で計5回は繰り返していたが、この日は初めて疲労感を覚えた。娘夫婦と2人の孫を呼び、夕食を楽しんだが、全員が食べ終わるまで待てないほど疲れていた。このままでは、大会日まで体がもたないと判断。生活を変えず、体調を整えることに努めることとした（栄養を摂り、体を温め、姿勢を良くして、無駄な動きをしないことに努めた）。

5月5日（木・祝）、息子のヘアスタイルは、①躍動的で毛束もまとめていて、②髪の根元の起こし方も良く、③整髪料も2種類を上手く使っている。私は、親と子の技の差は歴然としており、内心は息子の技量に喜びつつ、劣等感も覚えるという複雑な心境であった。酒でも一杯飲んで、少し体を休めることにしよう…。

この大会出場の目的の一つは、わが子に「背中で教える」で刺激を与えることだったが、それよりも自らが恥をかかないようにしなければいけないと改めて肝に銘じることとなった。

◇初志貫徹

5月6日（木）、大会日まではあと10日あまり。「まだまだ勝つチャンスはあるはず」と自らに言い聞かせ、サイドの髪の流れを中心にヘアスタイルのまとめ方や前髪のつくりを工夫してみる。モデルが着る衣装の色は、髪に合わせて黒か白。Tシャツは、ホテルに入れる程度のカジュアル調にと決める。また、横浜での大会については、マネキンヘッドの仕込みを考えるが、ヘアスタイルは愛媛大会と同じ髪型にするのが有利と考え、そうすることにした。

その夜、松山の自宅へ戻り、息子に全国の情報やモデル衣装の相談を持ちかけようとするが、全く耳を貸さない。互いにライバルであり、大会日が迫ってくるほど苛立って、緊張感が走る。

5月11日（火）、今日も朝練習を3回。夕刻は人間モデルで練習。当初よりわかってはいたが、人間モデルの難しさを思う。練習を重ねるほどに、下手になるように感じるのはなぜだろう。

5月12日（水）、横浜での大会のライバルは、飛ぶ鳥を落とすほどの勢いを持つ本田さんと的は絞っている。その強い相手に勝つ方法について数人が集まり、策を練った。まずは、得意なヘアをつくらせないこと。つまり得意であろうレディスではなく、イケメンヘアの普及を理由に、大会ではメンズヘアをお互いにつくろうと無理に誘い込むこと。そして二つ目は、練習の時には私の全くダメなマネキンを見せて、気の毒にすら感じさせるようにして、大会当日は全く違う素晴らしい作品をつくること。

さらにもう一案は、「ファッションヘアの変遷について」をテーマに30枚の寄稿文を依頼して、ライバルに練習をさせない戦術?! しかし、この案はあまりに気の毒だからやめることにした。大会後に笑って話せる範囲の「ユーモアのある戦術」を、友人そして連合会職員と話し合い、それを酒の肴にして楽しんだ。

5月13日（木）、本田さんと会い、前日の作戦通り、「互いにイケメンヘアづくりを」と打ち合わせ、「中途半端なマネキンヘアを見せ、安心をさせて」横浜大会への作戦はこれで完璧。これより先は私の努力のみである。競技大会5日前のことだった。

5月14日（金）、この日は愛媛大会の実践に向けて、人間モデルでシミュレーションレッスンを行った。競技時間35分以内で何とか形になってきた。

5月15日（土）、いつもより1時間早く午前4時よりレッスンを開始。朝は店舗で、昼は書斎をトレーニング室にして、一日中練習で明け暮れた。

5月16日（日）、この日は愛媛県組合の総代会で、理事長としての重責はあるが、前日と同じように4時に起きて早朝練習を3回すませた。大会向けのモデルの仕込みは、東京から、あの平成の坊ちゃん刈りチャンピオンの村上重雄さんが松山入りして手伝ってくれた。午後3時、総代会をすませて自店に戻ると、ほかにも2選手が加わり、大会トレーニングで大賑わい。時間を計りながら練習をしたが、人間モデルの難しさは拭いきれない。その夜は一人で遅くまで練習を重ねるが、愛媛県大会の人間モデルと横浜大会でのマネキンとの違いと、それぞれの活かし方を考えながら、イメージトレーニングを終了。

5月17日（月）、愛媛県大会当日、4時に起床。朝練習2回。6時30分、モデルに軽めの朝食（眠気を抑えるため）をすすめ、大会会場へ。私は開会式の準備や来賓の接待に忙しいが、これも仕事の一つであり、選手そしてある時は役員として役目を果たさなければならない。

競技には細かい要項に沿った準備や流れがあるが、十分分からず、隣の選手のアドバイスも受けて進めたものの、「イエローカード」が出る始末。いろいろと戸惑った大会になったが、それでも何とか時間内で競技を終えることができた。

結果は、もっと上位を期待していた私が敢闘賞、そして息子が3位（息子は翌年、見事に優勝、全国大会でも上位に入賞した）。従業員の中川みゆき（後に息子と結婚）は準優勝だった。私の出来は6割程度で残念さはあるが、3人全員がともに賞を受け、とても思い出深い1日となった。ことに優勝できなかった中川さんがあまりに悔しがるので、シドニーオリンピックで柔道の篠原信一選手が完全な判定ミスで負けた例を出し、「勝負は既に終えた結論であり、全てを受け入れる切り替えの大切さ」を話して勇気づけた。

大会を振り返って、①技術は重ねるほどに、また上達するほどに難しく感じてくるもの。②人間モデルの難しさ。マネキンとは全く異なり、モデルとの一体化、阿吽《あうん》の呼吸が何より必要で、人間モデルは衣装をはじめ、そのモデルの体調まで考えなければならない。③何よりまずは大会出場に慣れること、そして「やり続ける」ことの大切さを強く感じた。

吾《あ》が目途《もくと》なんとか果《は》たし夏立《なつた》てり

二十四節気の一つ、立夏「夏立てり」。

背中で導く（教える）ことこそ最も良しの考えのもと、還暦を過ぎた身を奮い立たせて、親と子で理容の技を競った。

結果は思うようにはいかず、年齢という弱点を見た。しかし、本来の目的は果たしたのかも。暦の上ではいつしか夏が始まっていた。

地元新聞社への投稿文「イケメン」より　2010年（平成22年）8月

今年の5月、業としてきた理容の面白さと「生涯現役」を自らが示す意味で20代、30代の若者に交じり競技大会に出場した。▽私の時代は髪を寝かせる技術が基本だったが、現在は髪を立たせ、色とりどりに髪を染める、いわゆる「イケメン・ヘア」である。イケメンとは美男子を指す俗語とか。しかし、私は「茶髪でモヒカンっぽいヘアスタイルの人」を指す場合が多いと考える。そのさわやかなイケメンは現代人として好印象を与えている。▽今年のNHK大河ドラマ「龍馬伝」の坂本龍馬も高杉晋作も新撰組の土方歳三も、その時代に生きた中での共通点はダンディーであったことだ。そのダンディズムは今のイケメンかもしれない。その象徴の一つがヘアスタイルである。▽私の顔や髪形はイケメンにはほど遠いが、生き方だけはダンディーでありたいし、イケメンでありたい。いくつになっても夢を追いかけ、新しい自分を探し続けたいと思っている。▽明日を担う若者への大いなる刺激をも期待して出場した、その日の大会の成績は敢闘賞に終わった。

◇往年の名選手と一緒に（横浜大会）

愛媛県大会を終え、自宅に戻った私は疲れてはいたが、明日の横浜大会に向けての練習を開始。競技時間は5分、長くて40分。愛媛県大会の弱さ返上をと、「落ち着いて、より丁寧に悔いのない大会を」と自らに言い聞かせ、ヘアスタイルづくりを深夜まで行い、競技器材を準備した。そして翌日の大会のイメージトレーニングをしつつ寝床についた。

5月18日（火）午前3時45分起床。前夜のイメージに基づいて朝練習を行う。アウェイ（敵地）セレモニーだけに、一発勝負の金粉スプレーや特別な器材も用意。東京羽田空港を経由し、横浜へと向かった。

1時間ほど早く着いたため、同行の職員を昼食に行かせて、精神統一や幾度となくイメージトレーニングを繰り返して会場入りした。

まず感じたことは、観客の多さと私への熱い歓迎ぶりだった。選手同士が激励の言葉を掛け合うのが嬉しい。何となく私を歓迎する「お祭り」ムードでもあった。往年の名選手20人が揃った「シニアフリースタイル部門」。目指すのは、優勝である。賞金は10万円。

本田「あれ！　これ、この間のマネキンへアと違うじゃない」

大森「いやあ！　職員が間違えて持ってきたんじゃ」

本田「私は本当はレディスへアをつくる予定だったけど、理事長と約束したから…」

大森「イケメンへアでいくからね！」

優勝を目指しての作戦、「相手を面食らわす」ことは予定どおりの運びとなった。

競技開始頃には、観客もぐんと増え、会場内の熱気もムンムン。戦いを前に、私愛用の豆絞りの「必勝ハチマキ」を湿らせ、ゆっくりと手を拭きつつ気を落ち着かせた。あまりの歓声に驚くが、とにかく「集中！」を自らに言い聞かせた。

「大森理事長ガンバレ」「プロの技だ」等々、声援が耳に入る。テレビカメラも接近してくる。緊張と興奮。40分はあっという間で、「3秒前」で競技を終了。

2日続いての競技出場に疲れ気味であったが、表情に出さないように精一杯努めた。

　そして、結果は――飛ぶ鳥を落とす本田さんに続いての準優勝。ちょっと、いや！　とても悔しいけれど、よくよく考えてみれば、出場選手20人は往年の名選手、名講師ばかりで、負ければ日本を代表する名講師が大変なことになる。また、日本の理容界に高いレベルで知られる神奈川県にとっても譲れないところであるはず。そう考えると私にとっては出来過ぎの準優勝であった。誠にこれ以上の結果はなく、最高の大会であったと言えよう。

準優勝のヘアスタイル

　そして、この大会を通じて感じたことは、理容の技の面白さである。毛束感の変化、毛髪流れ、髪10万本（人の頭髪は約10万本と言われている）のヘアスタイルづくりは一鉢の盆栽づくりのようなもので、楽しくて時間の過ぎるのも忘れてしまうほどであった。多くの関係者に感謝をしなければならない。その日の準優勝の賞金5万円は、これまでの応援者との懇親会にさっと消えたことは言うまでもない。この２０１０年5月17、18日の競技大会出場の面白さこそが、後の金メダルへの道への第一歩となっていくのである。
私はその日、表彰式もそこそこに、夕刻からの政府行政刷新会議「事業仕分け」で、存続のピンチにある全国生活衛生営業指導センターの会議へと、おにぎり1個を頬張りながら横浜を後にしたのであった。

右が著者、中央が本田誠一さん、左が３位の吉村克也さん。

横浜大会観戦者の声

◇一生懸命の姿に心がときめいた
◇不思議なドラマを見ているようだった
◇年配者のチャレンジする生き方に敬服した

第二章

初代・世界チャンピオン

背中に日本の国旗・日の丸を背負い世界の舞台に立つこと。これほど名誉なことはない。

世界の理美容オリンピックといえる「第36回世界理容美容技術選手権大会」に私が出場したのは2016年（平成28年）3月28日。隔年で行われるこの大会において、なんと私は「マスタースタイリストアワード」（以下、マスター部門。50歳以上が出場）プログレッシブ・カット（進歩的なヘアカット）部門で金メダルを獲得したのである。この部門は、この年から設けられたものなので、私がマスター部門初代世界チャンピオンとなったのである。

第36回世界理容美容技術選手権大会（於：韓国）の表彰式。

◇世界大会への手順

思い起こせば金メダルを獲得したその日から7年前（２００９年＝平成21年6月）のこと、故郷である愛媛県の理容競技大会で出場選手が減少、その対策として前面に打ち出して取り組んだのが理美容師の生涯現役論であり、60歳以上の選手を募った「ゴールデンシザーズ部門」の種目であった。当時、「役員は全員出場しよう」と呼びかけ、この部門30人が出場したのを覚えている。

理美容サロンを選ぶお客さまは、技術やサービスの内容を見ながら、それぞれの好みのところに行っている。その顧客の期待に応えるには、理美容サロン経営の中心となる技術には常に向上心を持ち、トレーニングを続けていくことが大切であり、そのためのテクニックを競うコンテストに積極的に挑むのは当たり前のことである。

しかし現実は、サロンのオーナーともなると、いつしかその部分は若者の領域と勝手に判断している者が多い。その意味では、生涯現役を打ち出してのこの時の判断は画期的な第一歩であったと言える（この部門で私が優勝したのは、平成23年の「第63回愛媛県理容競技大会」である）。

　そして、その競技種目はその翌年の平成22年7月、四国大会（徳島県で実施）でも取り入れられ（筆者は翌年の平成23年、香川県善通寺市での第61回四国理容競技大会で優勝）、その後も47都道府県で行う大会の種目に加えるよう呼びかけを続け、平成26年には国内で行う27の大会で採り入れられた。

　さらには、平成26年10月20日、第66回全国理容競技大会（山形県）には、ゴールデンシザーズアワード（ふるさと部門）種目として加えられた。出場選手は40人。中には、かつての日本チャンピオンもいて、高度な技を競う緊張感の中にもお祭り気分を感じさせる雰囲気もあり、大変盛り上がった良い大会となった。私の成績は3位に入り、優秀賞に選ばれた。

第61回四国理容競技大会での優勝ヘアスタイル（平成23年7月11日、香川県・善通寺市民体育館）。

全国大会出場・誘いの手紙　２０１４年（平成26年）９月

東日本大震災から3年の月日が過ぎました。ここ東北の地には厳しい冬の季節が近づいていますが、この10月、山形県で第66回全国理容競技大会が開催されますことは、東北の理容師には何より励ましとなるでしょう。業界紙によりますと、多くの業界代表者や次世代を担う理容師が熱い戦いを繰り広げるとのこと、楽しみです。

そこで私どものお願いですが、この競技大会のふるさと部門に大森利夫理事長がエントリー下さればと思うのです。

大森理事長の「やる気・勇気・元気」がどれだけ多くの理容師を勇気づけているか、今一度、東北の理容師、私共女性理容師に見せていただきたい一心です。

多忙の中でのトレーニングなど大変でしょうが、お聞き入れ下さいますようお願いいたします。

平野　滋子

◇マスター部門が世界の舞台へ（マレーシアでの総会）

それから2年後、その種目（日本で実施した60歳以上が出場できる部門）は世界の舞台へと進化していく。

その流れを決定づけたのは、2015年（平成27年）5月16日、マレーシア・クアラルンプールでの世界理容美容機構（OMC）アジアゾーン総会であった。サルバトーレ・フォデラOMC会長から、世界の活動報告で大会出場選手数を増強したいとの趣旨が語られた。それを受け、私より日本の実施した年齢60歳以上の選手で競う種目、ゴールデンシザーズ部門の開催例を披露した。すると、1年後の「ヘアワールド2016 in KOREA」の準備を進める韓国役員団から、「大森理事長も選手として出場するのか?」と問われたのである。

「オフコース（もちろん）・アイ・アム・ア・チャンピオン」と即座に答えると、大きな拍手が起こった。それまでの緊張感のある総会ムードから、一転して和やかなムードでの会議となり、OMCフォデラ会長より「オーケー」との返事とともに、後日、世界各国に新しい「マスター部門」の開催についてて「イエス」「ノー」のアンケートが行われた。その結果を得て新種目「マスタースタイリストアワード」が加えられたのである。

言い出しっぺの私としては、それを踏まえ隣国・韓国での世界大会だけに、金メダルはもちろんのことメダルの量産を目指し、マスター部門には、平成26年に実施した第66回全国理容競技大会（山形大会）成績上位者から10人を募り、日本代表選手として日の丸を背負うことにしたのである（あわせて学生部門も10人募集）。選手として出場する私にとって、ライバルは世界であり日本選手同士でもあるが、この大会種目を肝入りで進めてきた私にとっては絶対に負けられない大変な一戦となったのである。

第66回四国理容競技大会優秀賞のヘアスタイル（平成26年10月20日、山形市総合スポーツセンター）。

〈紀行文〉マレーシア＝２０１５年（平成27年）5月16～18日

マレー半島とボルネオ島北部にまたがるマレーシアの人口は約３０００万人。面積は日本の約０・９倍（33万㎢）。7時間ほどの飛行時間で首都クアラルンプールに着く。時計を日本との時差1時間遅らせる。

ホテルに着くまでの約1時間、ガイドより「車優先社会です。タクシーは料金を交渉して下さい。トイレは有料もあり、ティッシュは持参下さい。スリに注意を」等々の説明がある。マレーシアは、マラッカ王国からポルトガル、オランダ、イギリス統治、さらには日本軍の占領と、さまざまな移り変わりがあり、随所にその独自の文化にも出会う。

イスラムの先進国とも言われ、宗教はイスラム教が60～70％（そのほかは、仏教、キリスト教、ヒンドゥー教等）で、戒律はしっかりしている。豚肉や酒類はもちろんダメ。さらに、イスラム金融は２４０兆円の資源は知られているが、利子の禁止、賭博の禁止など、社会的不公平さを避けている。イスラム教徒は、世界人口の5分の1を占めるといわれる。１４００年の歴史をもつイスラム教に触れようと、クアラルンプール郊外のブルーモスク（礼拝堂）

では、ムスリム（帰依《きえ》する人）にも会った。特に女性が頭を覆う布（ヒジャブ）は独特なものがある。両親への感謝や公正な社会・経済の実践を根源としていることには共感できる。

その後、クアラルンプールの誇る地上452m、88階のツインタワー、さらには王宮や中華街の賑わいも訪ねた。マレーシアの土壌は赤土で、スコールや洪水が繰り返され、濁った水が川や海をつくっていて、美しい水面を見ることはない。反面、赤道に近いため台風はなく、地震も少ないと現地のガイドは言う。

また、マレーシアといえば、世界遺産に登録されているマラッカを訪れておくべきであろう。マラッカはマレー半島の西海岸南部に位置していて、クアラルンプールから車を走らせること約2時間。椰子の緑の中をひたすら行くと、港町として栄えたマレーシア最古の都、人口8万人のマラッカに着く。オランダ広場、サンチャゴ砦、セントポール寺院等々、有名観光地がある。マラッカ海峡からの外敵の侵入を防ぐ要塞は、ポルトガル人によって海岸線に沿って建てられた。今はその一部、サンチャゴ砦が残っている。

マラッカ王国は1400年代にイスラム化し、重要な東西中継港として繁栄を極め、わが国でもよく知られているフランシスコ・ザビエルは、セントポール寺院での布教活動後、この地から東アジアに出発している。

　また、マレーシアといえば今でも虎が出るという。日本でテレビ放送が始まったころに「快傑ハリマオ」（ハリマはマレー語で虎のこと）というヒーローものの番組があったと記憶するが、青雲亭という寺院には虎の地蔵がある。また、市内を流れるマラッカ川では、１ｍほどの大トカゲにも遭遇。熱帯雨林が占める常夏の国の驚きの場面であった。手土産は、妻に言われていたナマコ石鹸、クリーム、そして香辛料。

　公務の旅であったが、マレーシアでは人生の在り方についても考えさせられた。悩みと悲劇を超えて完全主義を通していくか。それとも自由度が急速に増す中、集団生活の滅亡を心配しながらすべてを認めて生きるか。さらには、自らを人類の極みを目指すところに置き、自らに問いかけ続けるか、現実は難しいところにある。

マレーシア―2015年5月・作句

夏兆《なつきざ》す塔《とう》スカーフに身《み》を沈《しず》め

春の花が終わると、夏らしく新樹の輝きと共に万物夏兆す活動期に入る。マレーシアの経済発展を象徴する452mの2本のタワー。モスクの尖塔のような形でクアラルンプールのランドマークとなっている（女性の頭を覆うスカーフは独特）。

祀《まつ》られし虎《とら》の地蔵《じぞう》に五月来《ごがつき》ぬ

陰暦五月は狩りによいことから、幸月とも呼んだとか。マレーシアは今でも虎が出るというから、日本の熊のような捉え方をすればよいのかも。虎のお地蔵さんにはビックリ。

貿易風《ぼうえきふう》に川濁《かわにご》りけり大蜥蜴《おおとかげ》

日本のトカゲは20㎝程度。ところが1mほどの大トカゲにはビックリ。赤土と洪水の繰り返しで川が濁った、マレーシア最古のまちマラッカ。

◇親指の負傷

私の出場する世界大会種目が正式に決まったのは、２０１５年（平成27年）11月19日。

急いでこの種目の競技要項を手に入れたが、難しそうでまず困ったのが出場資格。国内では60歳以上としているが、世界でのこの部門「マスタースタイリストアワード（MASTER STYLIST AWARD）」は50歳以上（50years and over）と発表。10歳の年齢差は大きく、国内の選手は一瞬戸惑ったが、要項の詳細に口を出すことはできず、とにかく最大の努力をすることと割り切った。

指定された外国のマネキンヘッドを購入して触れ、外国のマネキンヘアに慣れることから始めなければいけない。これまでの世界大会のトレーニングで使い古したマネキンを集めて感触を試したり、ヘアスタイル写真を見たりしながら、やる気を高めるよう努めていった。

ところがである、そんな時、予測もしないアクシデントが起こった。その年末の12月、連日続く会議にテレビ番組の制作等々、そんなこんなの多忙極まりない時、私は左手親指をドアの蝶番に挟み、大怪我をしてしまったのである。役員室を締め切り、「誰にも気づかれないように消毒液と包帯を持ってきてくれ」「それ大変だ！　どうしたんですか」「静かに！　大したことはない」そんなやりとりがあった。

当初は対外的なことを考え、誰にも知られないように隠して仕事を続けていた。しかし、あまりの腫れにふるさとに帰り、地元の病院（南松山病院）でレントゲンを撮ってもらうと、骨折が2カ所見つかった。

私はまず医師に、

「先生、どのくらいで治りますか？」と問いかけた。3月の世界大会に向けて、最低限のトレーニング日数を逆算したかったのである。

「3カ月はかかるかなぁ」

「先生、理美容の世界大会が3月にあって、金メダルを狙っとんで、何とか早く…」

「猫のごろごろ」治療が記されている
坂山憲史氏著書「慟哭（どうこく）」

「貴方、どこかで見たことあるよなぁ。う～ん、わかった」担当医の坂山憲史医師はそう言うと、サッカー日韓ワールドカップの直前に足を骨折したベッカム選手の治療法（観血手術後早期の超音波骨折治療法）の新聞のコピーを私に渡して、その処置を病院スタッフに告げた。それは、猫が喉を「ごろごろ」と鳴らすときに発する周波数が元祖とのことで、半信半疑ではあったが、「藁にもすがる思い」で治療を始めたのである。

また、私自身も一日でも早い骨折完治をと、通常は牛乳と卵は食べないようにしていたが、それを全面解禁、加えて小魚（煮干、ちりめん等々）をしっかり補給。そして使えない親指の代わりに人差し指、中指を使い、櫛を持つ力や、セットする指の力の訓練に「リップスティック」を利用して、時間があれば移動中の飛行機内、車内、寝床でと親指以外の4指のトレーニングに取り組んだ。人生に災難はつきもの、私にとって目指すは世界大会での金メダルである。

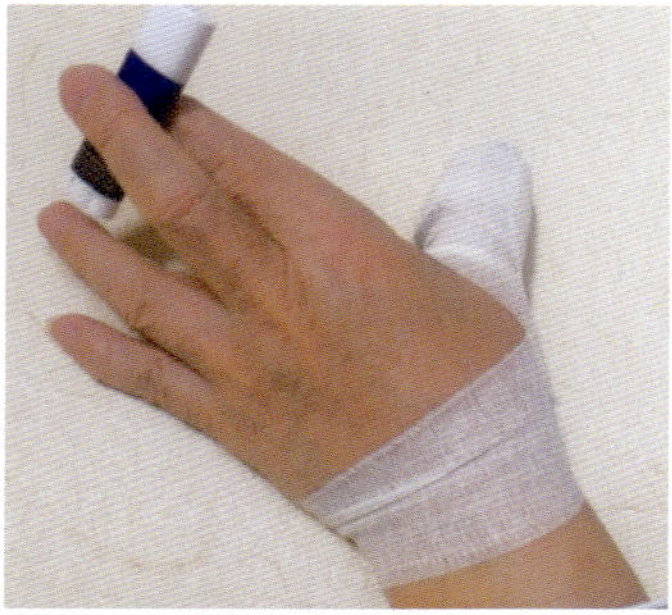
指の力をつけるため「リップスティック」を利用してトレーニング。

◇学生・シニア・ジュニア選手と一緒に

2016年（丙申年）の年が明けた。この丙申の年は変革の年で荒れると耳にした。職員を集めての年始のあいさつ、私は自らの手の負傷を見せて「一層緊張感を持って物事に対応しよう」と告げた。

2016年1月25日（月）、左手の指は使えないが、正月休みをスタートにこれまで約1カ月間、努力した「ペンシル（鉛筆）コーム」でつくるヘアスタイルなどユーモアを携えて、三重県の伊勢理容美容専門学校へ出向いた。

そこでは、これまで私に競技について一から十まで指導し、育ててくれた2004年（平成16年）世界大会・カラー特別賞受賞の花島和久（千葉県）さんと、あの平成の坊ちゃん刈りチャンピオンの村上重雄（東京都）さんの両トレーナーが、世界大会学生部門に出場する4選手を教えることになっていた。

私は学生に交じって一緒に勉強することにしたのである。左手には装具（金具）をつけたままでのトレーニングだった。

2月9日（火）、東京・高田馬場にある中央理美容専門学校に出向き、全国理容連合会ナショナルチーム（以下、全理連ナショナルチーム）のシニア部門（上級者）、ジュニア部門（22歳まで）の選手のトレーニングを見学した。いいヘアスタイルづくりを見る（知る）ことこそ、テクニック修得の第一歩である。

私の出場するマスター部門の課題はプログレッシブカット（進歩的なヘアカット）であって、どんなヘアスタイルをつくればよいのか皆目分からず、雲をつかむようなもので、とにかく世界大会に慣れた選手のヘアスタイルを見ること。そして、その中から自分にできることを選び、盗み取ることをしなければ大会には間に合わなかったのである。

全理連ナショナルチームの佐藤秀樹チーフトレーナーは「黒髪のボードをバックにカラーのハーモニーを描くのです」と絵画を描くように教える。

カラーリングに合わせた大小の毛束感、そして10～17㎝の髪の長短による調和（ハーモニー）が物語風に表現できればと思いつつ、〝邪魔な奴〟と言われないように注意して若い選手に学んだ。

◇難しそうな大会要項

2月18日（木）、過去の全理連ナショナルチームが使った古いマネキンヘッドで、今回一緒に世界大会選手として出場する香川県組合の佐藤功理事長に、海外マネキンのセット方法を伝え、練習用マネキンも

OMC MASTER STYLIST AWARD（マスタースタイリストアワード競技要項）
50 years and over（年齢制限50歳以上）
プログレッシブ カット（前衛的、進歩的）

選手は、前もって準備したマネキンを持参して、割り当てられたワークステーションに赴く。その後、選手は頭髪をストレートバックに梳かすよう告げられます。その後、ワイズマンが確認している間、すべての選手は離れ、競技フロアの端で待つよう告げられます。ワイズマンが、すべての頭髪を確認した後、ゼネラルコミッショナーは選手に鏡へ戻って競技を始めるよう呼びかけます。

1. 頭髪の長さ…………頭髪の長さは、前髪を除き最低５㎝あること。周囲（サイドとバック）は、もみあげを除き競技開始前に最低３㎝あること。
2. カット・セット用具…すべてのカット用具は許可される。
3. 整髪剤………………すべての固定剤は使用できる（ジェル、ワックス、スプレー）。
4. ヘアカラー…………カラーの使用は自由である。
   カラースプレーの使用は禁止されている。
5. エクステンション……ヘアーエクステンションは自由に使用できるが、競技が始まる前までにセットしなくてはならない。
6. メイク………………ワイズマンから標準と認められないメイクは、減点されます。
7. 審査員………………審査員は、カット、スタイル、カラー全体の印象を審査する。審査の際、審査員はトップも含めて作品全体を見なくてはならないが、見えにくい場合は、ホルダーを下げることで改善されるようにする。
8. 減点…………………指示に従わない選手は、減点表に基づき減点される。
9. 競技時間……………20分
   （この規則を守らない選手には3ポイントのペナルティーが課せられる。衣装を着せるために、3分の追加時間が与えられる。）
11. 得点…………………最高点：30点～最低点：24点

・競技フロアでは選手一人につき2000ワット以下の電気プラグが用意されている。

譲った。

私にとっては、まずは国内選手メンバーの頂点に立つことだが、それは互いが高いところを志す同志でなければいけない。大会要項に目を通すと難しいが、それを出し過ぎては、仲間が出場意欲を失う心配もある。私は皆の心を浮き立たせつつ情報を伝えて、トレーニングが楽しいものとなるよう努めなければならない。

ただ競技には「必ず勝たなければならず」、妥協や譲り合いはなく、後悔なき対応を考えなければならないことはもちろんである。佐藤さんは「私はビリ（最下位）にならんよう頑張るわ」とは言っていたが、そんな気はさらさらないだろう。それにしても後で思ったのは「あの練習用のマネキンは自分のカット勉強のためには譲るべきではなく取っておくべきだったかも…」であった。

※佐藤さんの世界大会の成績結果は5位だった。大会終了後、曰く「金メダルを言葉にしていた大森理事長と、ビリにならんように…という思いの差が結果に出たかな…やっぱり気構えは大事やなあ」と。この人こそ70代半ば（出場者中最高齢者）、生涯現役と大声で言える人である。

◇トレーニングと議論

2月20日（土）・21日（日）、この両日は代々木の自室で、世界大会1カ月前を見据えての自主トレーニングに明け暮れた。

——この頃、政府の規制改革実施計画の閣議決定による「理美容の在り方」について、美容との考え方の相違がはっきりしてきた。美容はこの時点でも「理容と美容は全く異なる」と主張しているようである。——

私の考え方は、理容サロンか美容サロンかを選択するのは顧客であって、法律の範囲で、それぞれが選ばれるサービスに徹することが当たり前に大切と思っているのである。

どちらにしても、理容、美容それぞれの立場で向き合うことの難しさ、辛さを感じる。——グローバル社会を考えての対応を私は主張しているつもりであるが、議論はいやなものであり、「議論はしてならず、まして勝ってはいけない」と自らにいつも言い聞かせる言葉が頭をよぎる。

世界大会出場へのトレーニングは人を傷つけることもなく、日々の努力は形として現れる、嬉しく楽しいものである。つくることの喜びを強く感じる。練習にはとても良い2日間であった。

〈手記〉代々木の窓から　2015年（平成27年）7月

「男性のヘアカットのみは美容室ではできない」、これは「奇妙なこと」とテレビや新聞で取り上げられた。しかし、当の理美容師からは「寝耳に水の入る如し」といったところ。だがそのマスコミ報道が安倍晋三首相の「美容室でのカットは違法？」と報じたから話は大きくなった。「おもしろきこともなき世をおもしろく住みなすものは心なりけり」の歌文が思い出される。▽そもそもこの騒ぎの元は、政府の規制改革推進会議に端を発している。平成27年1月20日、内閣府の職員より全国理容連合会に「出張理美容に係る規制の見直し、理美容師の同一施設内の混在勤務、自治体条例における洗髪設備規制の撤廃」等々に対する考え方の問い質しがあった。私は内閣府の副大臣に会い、考え方を伝えるとともに、厚生労働省とも幾度か打ち合わせを行っていたが、「岩盤を崩す」という見出しで新聞に、そしてインターネットに、またテレビ報道へと続いたのである。▽その後、この件の震源である規制改革会議より3月23日、ヒアリング出席の依頼文が届いた。論点の想定は、１「同一店舗における理容所・美容所の重複届出を認め、理容師美容師の混在勤務を認めるべき」２「理容師及び美容師の資格制度を統一すべき」と記されていた。理美容師法をふり返れば、昭和22年制定以来、26年、32年と法改正。そして49年より53年まで続いた「カット、パーマ論争」では「理容所での女性パーマはダメ」「美容所での男性カットのみはダメ」という厚生省局長通知案で一時決着したが、そのことがこのたびの騒動となったのである。法ができて68年。パーマ、カット論争から37年。現在の理美容の業務範囲から見てもかけ離れていて、時代に合った内容が問われるのは当然のこと。しかし、今回の規制改革会議の議論内容は「理容所からの訪問福祉理容の規制緩和」や、大型低料金チェーン店の「洗髪設備不要論」は一企業のみの言い分であり、理美容師の混在勤務も含めて私は反対の立場で、その日出席をした。▽しかし、冒頭、会議の座長は釈明をとり出し「特定の企業の要望であってもその規制が合理的なものか問題意識をもって検討している」と一言。そして各委員からは「理容師と美容師が一緒に仕事をすると問題があると考えますか？」「後継者のいない危機感やその対策は？」「理美容の資格を持っているのに同じサロンでなぜ理美容のサービスができないの？」「理美容の一本化は互いの成長に必要なのでは?」等々と、私が理事長就任以来ずっと言い続けていたことを、ズバリ逆に問われたのである…。しかし私は理美容師法の改正だけは、立場上、禁句と釘をさされていただけに、何とも辛い一日となった。(その場での同意は、改正の主導を失いかねないだけに)その日の座長の締めくくりは「理事長からは前向きに協力いただけると理解しています」であった。私の念願を逆に相手から提言されたのであり、このストレスは長く続きそうである。▽この理美容の問題とどう向き合うか。「雨降って地固まる」の如く、これを機にグローバル社会にむけて法整備に即進むかどうかは不透明。まずは検討会で「ああでもない、こうでもない」と、それぞれの立場から、それぞれの面目と、先送りにという都合の産物「玉虫色」の決着は繰り返すものである。問題に真正面から向き合ってはいけない怖さも私は知っている。しかし、この論争、ピンチをチャンスとして、戦後70年のあいまいさを、国民の目線、そして少しは業界のことも加えて、未来に続く改革が求められているようにも思う。

指《ゆび》のさす向《む》こう富士山雪解《ふじさんゆきと》ける

(ピンチとチャンスは同時にある。誰のための論争か。西の方角に見える富士山も雪解けである)

◇インフルエンザ

2月25日（木）、九州地区の会議で大分県にいた私は地元松山に帰り、トレーニングに徹することにしていたが、妻から携帯電話が入った。

「わが家はインフルエンザ大流行中です。1カ月後の大会のためには東京へ戻った方がええかもよ」

この年（2016年）、愛媛・松山はインフルエンザA型・B型が大流行していた。松山に帰郷かそれとも東京に戻るか、また、ホテル住まいの自主トレも一考したが、結論は、家族の健康が優先と判断。別府港でマスク（3枚重ね）を買い、フェリーに乗り込むと松山の電気店に電話で、「午後3時頃には家に着くので、それまでに空気清浄器を設置するよう」依頼。さらには、いつも利用する薬局に連絡、ウィルス対策の除菌バリア剤の用意を確認。愛媛県の八幡浜港では、昼食を弁当にするところを栄養豊富な食べ物をと、贅沢な刺身定食に。インフルエンザ対策完全武装で自宅に着いた。

妻は2階、息子家族は3階。分かれて対応ができて、こんな時こそ自分の出番と食料品を買い込み、滋養のある料理を考える。まず病気には優しい「うどん」。とくに私の得意な「伊予の腰ぬけうどん」をつくる。讃岐うどんと違って、煮込んでいるから柔らかく、味が深くしゅんで（染み込んで）いるのが特徴で、私は地元公民館で開いた男の料理教室で講師を務めたこともある（「伊予の腰ぬけうどんづくり」のテーマは私が勝手につけた）。

私は、料理を趣味に上げたいくらいで、朝食（味噌汁、干物など）は内孫が誕生した4年前から、毎日一日も欠かさず日課としてつくってきた（私のマンツーマントレーナーである妻の弁護、フォローのために申し添えるが、これは、私の趣味と健康のため自らが喜んで行っていることなので、念のため）。このほかにもカレーに至っては、具を十分煮込んで牛乳を加え、火を止め林檎を擂り入れるという技（？）を駆使することで、大変美味になると私は思っている。

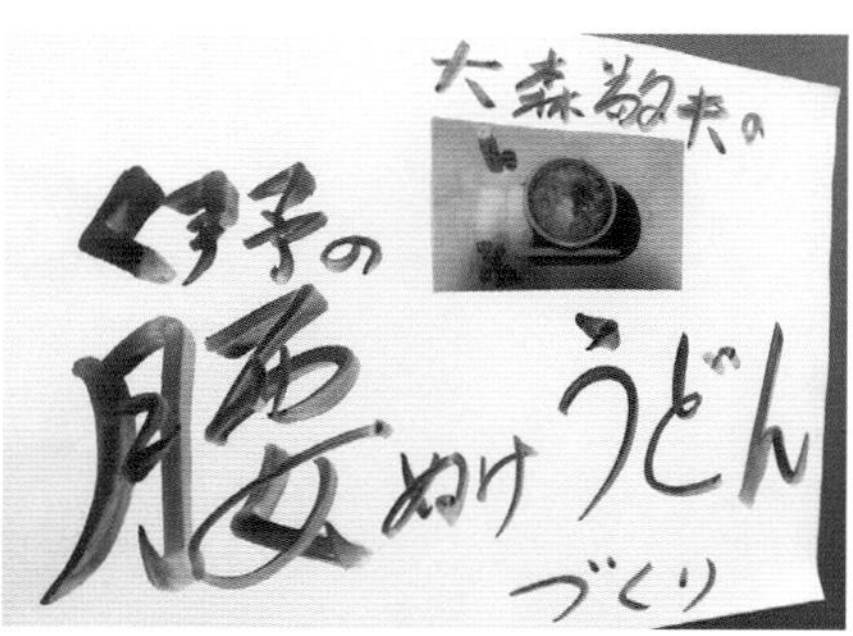

それはそれとして、その日から5日間、家族全員の食事はもちろんのこと、大切なトレーニングも計画的にこなした。

世界大会を想定しての練習では、インフルエンザから回復した可愛い孫の「3分前」「2分前」のタイム読み上げが私を元気にして、やる気を一層高めてくれた。

◇仲間とのトレーニング

3月4日（金）、全国理容連合会総会を終えたこの日、マスター部門の合同トレーニングを行った。香川県の佐藤功理事長は、先日のマネキンを譲った時とは全く違い、良い感じの出来でビックリした。熊本県組合の高野勝年理事長、東京の田中秀一・元全国チャンピオンとともに作品が良くて、私のマネキンヘアは毛量も少なく本物を隠しているかのように思われてか、誰も見向きもしない。佐賀県組合の山口利光理事長は見学のみで自信があるようだ。

当日の私のマネキンには誰も目を向けなかった

高野理事長の言葉「この日の練習で、世界大会出場を決心した」

佐藤理事長は私のマネキンを見るなり「影武者じゃないんかなぁ」（相手を欺き、安心をさせながら全体を掌握する方法）と一言。また山口理事長は「大森理事長のマネキンの髪の傷みや、減った毛量で練習量が分かり、これは勝てないなあ、と思った」と後日、上手に語った。

しかし、そのとおり、それは実に「上手な九州勢の陰謀の言葉？」であった。

――この大会から半年後の9月のこと。大会前日九州同士で「大森理事長には負けまいで…」との言葉が漏れ聞こえてきたとのこと。出場者は全員、ひそかに金メダルを狙っていたのは当たり前のこと。

「やっぱりなぁ、そりゃそうだよなぁ」

何歳になっても戦う闘志、そして年齢に伴うユーモア感覚も手伝い、なんとも面白く楽しい話である――

それはともかくとして、この日より左手の親指も使えるようになり、マネキンも新しくして、私にとってはいよいよ特訓へのスタート日となった。3月28日の大会日までを逆算し、その日を最高潮にしようとトレーニング日程「段取り表」を新しく作成。毎日目に見えるよう、松山の自宅と東京の自室の壁に貼った。この日を決戦の「点火の日」とした。

◇「早く、丁寧に」をつぶやきながら

3月8日（火）、全理連ナショナルチーム選手14人（シニア、ジュニア）に助成金を渡すため、中央理美容専門学校（東京・新宿下落合）に出向いた。自らが選手の一員になることで選手の目線で物事が見える。助成金の平等性や選手、トレーナーが努力する姿を見て、改正しなくてはいけないことに気づく（社会や大会内容の変化に気がつかず、「前回どおり」という踏襲のみで物事を進めていると必ずや問題が生じてくるもの。世界大会出場助成金についても、次回から見直すこととした）。

その日、タイムの読み上げなど、本番さながらの選手の動きを目の当たりにして非常に参考になった。20分の競技時間のうち、カット、セット各10分ずつがしっかり計ったようにできていて、私は後頭部、横、頭頂部への手順と時間を気づかれないようメモをしつつ、競技の流れを研究。百聞は一見にしかずである。

競技大会は時間との競争（戦い）でもある。自室に戻った私は「早く、丁寧に！」をつぶやきながら、髪の長短、メッシュの大小のハーモニーを確認、本格的な勉強のスタートである。世界大会まであと20日。これから山形県や石川県への出張もあり、効率も考えながら、2時間、3時間、また半日トレーニングなど、時間を無駄にしないための練習時間表をつくった。

◇後悔なき大会にむけて

3月18日（金）、中央理美容専門学校に、伊勢理容美容専門学校（三重県）の生徒4人も加わり、国内での最後の合同トレーニングがあった。私は生徒の中心に入り、時間を計ってもらいつつ真剣に2回、本番さながらの練習を行った。若者と一緒に学ぶことでパワーもつき、大会への不安は吹き飛び、大きな自信に変わっていったように思う（私の練習を見て、河合靖臣中央校校長から「もっとチックをつけて」と整髪料の提供を受けた）。

その翌日（19日）、翌々日（20日）は、生徒との学びの余勢を駆って、代々木の宿舎で自主トレーニングに精を出した。

限られた時間内に効率よくヘアスタイルをつくるには器具選びも大変重要である。

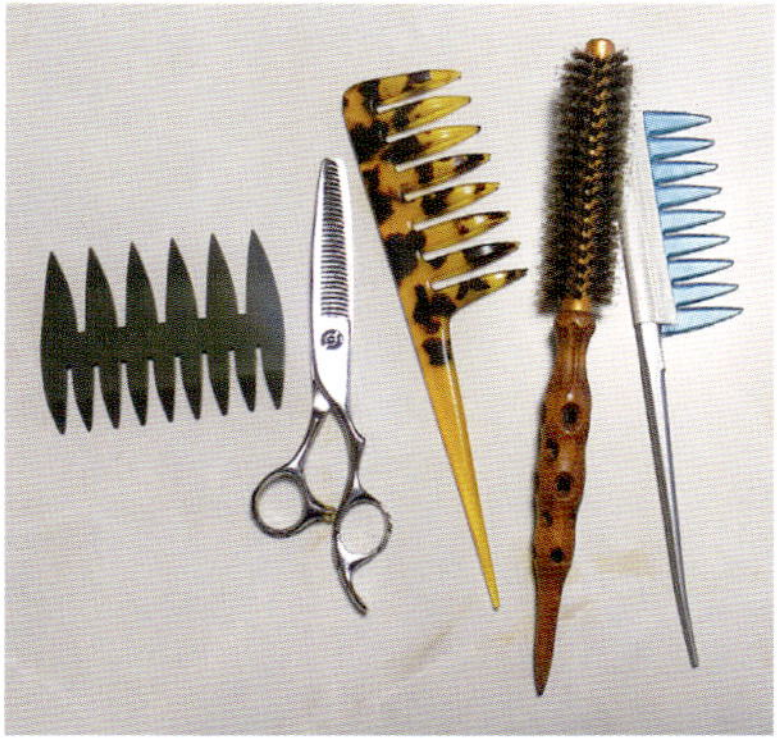

大会のための愛用の器具。

愛媛県大会、横浜大会の時も練習用のマネキンヘッドを送ってくれた福島県組合の中野竹治理事長や栃木県組合の山本賢司理事長、茨城県組合の山﨑健夫理事長、そして全国理容連合会の講師約100人をまとめている駒崎智さん（1992年、日本で開催した世界大会において日本チームを団体優勝に導いた一人）から、鋏や手づくりコーム（櫛）などの器具の応援が届いた。

また、岩手県組合の湊正美理事長の、最後の仕上げに毛髪の先端の毛束に水分を付けてまとめる「なめって技法」というユニークで怪しげなテクニックの教えは面白い。第一「なめって」という言葉自体、笑えそうである。

3月22日（火）、世界大会まで1週間を切ったが、日々の練習により、再びマネキンの毛量が減って、マネキンヘッドを新しくするべきか悩むこととなった。世界大会用のマネキンは不足気味で、注文してもなかなか届かない。

この世界大会のマネキンの髪は動物の毛とのこと（私が子供のころ、生活のためだろうか「女性は髪を長く伸ばして売る」ことがあると聞いたが、果たして日本の理美容師養成校で学ぶ何万人もが使う、何十万というマネキンの髪の毛はどのように調達しているのだろう。恐らく輸入だろうが、その永続性や環境問題を考えると、過去のように人間モデルこそが最良であると、私はあらゆるところで言い続けている)。

本題に戻るが、マネキンの調達についての結論は「後悔だけはしたくない」と判断。「在庫なし」とのことだったが、確認を取ると、1個ならあるとのこと。日程上は難しいけれども、これも何かの縁とぎりぎりの決断でマネキンの変更を決めた。悔いのない攻めの戦いをという思いからであった。

3月23日(水)、参議院議員会館にて議員約40人を前に、全国理容連合会の事業内容の説明や要望を述べるヒアリングがあり、その場で私は韓国で行われる「世界理容美容技術選手権大会」に選手として出場すること、さらに金メダル獲得宣言をユーモアも交えて表明した。その後、衆議院議員会館へも立ち寄り、金メダルへの思いを熱く語った(そのことにより退路を断つ気持ち、つまり勝つことへの執念を強めていったのである)。

3月24日(木)、大会を前にしてだが、午後は公務が入っていて練習できないため、この日は早起きをして、後悔の残らない勉強を、と確認の念入りトレーニングを幾度も繰り返し行った。

また、この日より体を冷やさないようにするとともに、生もの（特に刺身、野菜も含めて）を食べることを止めた。体調管理上、大舞台での4、5日前からそのことは私が守ってきた絶対のことであった。

◇いよいよ現地（韓国・ソウル市郊外、京畿道《けいきどう》高陽市）入り

3月25日（金）早朝、軽いトレーニング、器材の点検等をして羽田空港に向かう。その日の夕刻、韓国の金浦《キンポ》空港に到着。高陽市のMVLホテルへ。

3月26日（土）、世界理容美容機構（OMC）総会に出席。その後、こっそりと大会会場（KINTEX）を一人で視察。特に競技場となる舞台に立ち、鏡台の大きさや会場の明るさなどを入念に調べた。また、各国の選手控室（国旗等でわかる）を見ると、その広さで選手数を想像することもでき、意気込みもわかった。

その夜は、OMC発足70周年記念パーティーが予定されていたが、それまでのセレモニーが長過ぎたので、食事を取らずにホテルに戻り、トレーニングを始めた。結局その日の夕食は、本田千晴事務局長による、ラーメン、にぎり飯、牛丼の差し入れになった。食を取ることは大切で、日頃は絶対に食べない即席ラーメン類も、体を冷やさない（前にも記したが、大きな大会に臨む場合の鉄則）

意味で、私はずいぶん助かった。

一方、本番用のマネキンモデルは最後のカラーリングが間に合わず、翌朝の本格的な仕込みとなる。

3月27日（日）午前中、新しいマネキンヘアの抜け毛をしっかり取りながら、現在の自分の技術力や前日下見した照明を考慮しての髪の立ち上げを点検しつつ、丁寧に仕上げていく。抜け毛が多くて用意したティッシュは1箱では足りず、トイレットペーパーを使っての細かい作業となった。

午後は、その日行われている大会競技を見学。特に私の出場する課題種目と同じである、ジュニア（22歳以下）部門のプログレッシブ・カットの競技や審査状況を細かく調べた。

全体的に気づいたこと——思ったより後頭下部は短くカットしている。また、審査の不備があったのか、審査時間が長いのには驚いた。外国人ではイタリア選手の出来が良く、目立つ。

会場を後にして、コンビニエンスストアで食料品を買い込むとホテルへ戻り、早速、大会会場をイメージしてのトレーニングに入る。

その夜は、日本唯一の大会公式スポンサーであるタカラベルモント主催のディナーが用意されていた。本当はトレーニングを続けたいが、日本を代表する会社の催しなので、出席はもちろんのこと、他国の人々に対してサービスに徹するよう努めた。

理美容の椅子を中心に機器・化粧品メーカーとして世界で羽ばたくタカラベルモントの存在は、日本選手にとっては勇気づけられ、また、日本が輝ける要因の一つでもある。

3月28日（月）、前夜のディナーでの酒の量が少し過ぎたようで、早朝3時30分に起床してトレーニングを始めるが、集中できず気ばかりがあせる。水分を多めに摂り、練習に徹底するが倒れそうで、年齢を思うともともと無理なチャレンジのような気もしてきた。しかし、競技スタートの時間まではあと10時間。体をコントロールしながら、幾度となくトレーニングを重ねる。「ライバルは自分なり」の気持

トレーニングの食、ラーメンの味は格別（3月28日、韓国・高陽市のホテルで）。

ちがますます強くなっていく。

7時に朝食をすませて改めてトレーニング開始。昨日見た審査時間の長さ、熱気、温度、湿度を考慮して、要所となる箇所の髪の長さをさらに5ミリメートル短くカットする。最後の仕込みだ！（一歩控えての守りの流儀）

昼食は、前日の余り物とラーメン。道具の点検をすませるが落ち着かない。窓から遠くを見ながら目を休め、一息入れてはトレーニングを繰り返し行った。

その後、大会会場へ出発。14時に大会会場に着くが、気持ちが安定せず、時間が少々早いからと自分だけは車から降りず、一人でもう一度ホテルに戻る。1時間くらい経ったと思うが気を落ち着かせて、会場の選手控え室に入る。日本の選手は全員揃っていた。国内選手の仕込みを見るが、「この中では2、3人くらいがライバルかなあ」と勝手に自分で順位をつけ始める。緊張感が漂う。大事なことは自分のペースを保つことである。誰かが「理事長のは、カラーが単調だなぁ」と一言。「確かにそうかも！　そのぶん毛束に大小の変化をつけよう」。そう思った。

「仕込み過ぎ」と思われるのが私はイヤで、マネキンモデルにパーマキャップを掛け、わざわざ崩して競技場入りした。椅子番号はその時知らされ、77番である。気持ちを落ち着かせて、スタートのイメージを頭に描きながら準備に入る。「私は本番に強い、力以上のものが発揮できるはず」。そう自らに言い聞かせる。

大会会場に持ち込んだ注意書きメモ内容

「金メダルを取る」

〈事前処理〉

1　タオル（必勝ハチマキ）を濡らして、気合を一声入れ、手を拭う。

2　パウダーをマネキンモデルの襟元に十分つけて、刈布を巻き会場に入る。

3　マネキンをスタンドの金具にしっかり留める。

4　道具の確認をして使う順番に並べる。

5　鏡を拭く。

〈スタート〉　6　イメージを描き、スタートを待つ。まず、後ろの髪を梳かして、クリップで止める。そして、後頭下部からカットを始める。

〈10分経過〉　後頭部よりセット。そして、サイド、前髪へ。さらに前よりサイド、後頭部へと戻りながら仕上げていく。

〈15分経過〉　鏡の映り。見せどころの確認をする（81ページに記述）。

〈3分前〉　メガネをかけて、乱れ毛や抜け髪をすべて除く。

〈30秒前〉　つや出しスプレーを十分（いつもの10倍）掛けて、鏡審査に合うようマネキンモデルをベストな角度にする（顎を引き、左に振る）。

〈15秒前〉　最終の確認をする。

◇気になるプエルトリコの選手

競技に入ると、私は時間経過の英語での聞き取りがとても不安だったので、鹿児島県組合の寺園洋行理事長や福岡県組合の小副川浩二理事長、そして木下眞中央理美容専門学校評議員にタイム経過を大きな声で伝えるように頼んでいた。しかし、3人ともにその姿は見えず、声など大歓声に消され、聞こえるはずもなかった。こんな時、頼りになるのが日本の田中トシオ大会コンペティションディレクター（競技委員）。時間経過を伝えてほしい旨を依頼した

競技中の筆者

競技終了後、マスタースタイリスト部門出場選手との記念撮影

が「それはダメ」と一言！

（いくら仲間であっても、そりゃそうだよなぁ…）

自らがつくった注意書きメモに沿って器具の点検などの準備をしていると、競技前の写真撮影が始まった。かと思えば、ファイブ、フォー、スリー、ツゥー、ワン、ゼロ。いよいよ大会競技のスタートである。

世界大会独特なムード。また、巨体の競技監視委員や役員が近くを歩くとマネキンが揺れ、「向こうへ行ってくれ！」と叫びたくなる気持ちだ。また、隣のプエルトリコ、その前の台湾の選手が気にかかる。しかし「相手は誰であれ、勝たなければ日本に帰れない」そう思いつつ、心を落ち着けて集中することに努めた。時間が経過するごとに冷静さも戻り、「早く、丁寧に」の心のつぶやきに合わせて競技は進んだ。終了の声で衣装を着け、審査へ。プエルトリコの選手の出来が良くて大変気になるが、やるべきことはやったという気持ちでまずはホッと一息。「死にもの狂いで頑張った後の心地よさ」を感じながら、世界を舞台にした技術披露を終えたのである。その後、お祭り騒ぎの写真撮影が長々と続いたが、私はそれどころではなかった。

「あれには勝った、これにも勝っている。3本の指には入ったかなぁ」不安な迷いも手伝いつつ、行き交う人の意見に耳をそばだてるが、結果情報などは全く入ってこない。何しろ理美容の競技大会は各審査委員の「感覚審査」だけに、審査結果は全くもって予測不可能なのである。

◇表彰式

競技を終えた私は、一旦ホテルへ戻った。顔を洗い、1杯の茶を飲み、そして成績結果に動じないよう心を落ち着かせ、表彰式の会場に入った。19時30分、いよいよ表彰式。

日本を大きくアピール。プエルトリコの選手は向かって左。

学生部門から始まったが、その部門でおそれていた台湾の選手がやっぱり金メダル。しかし、日本の伊勢理容美容専門学校の選手も頑張って銀メダルを獲得。続いてのジュニア部門は、前日見た時、出来の良かったイタリアの選手が金メダルで、一番高い表彰台へ。それぞれの国旗が揺れる。

そして次は、いよいよ私が出場したマスタースタイリスト部門の発表。応援の各国旗が揺れる。自分の名前が呼ばれるまでは長く、長く感じたが、会場に一段と高く「ゴールドメダリスト・トシオオオモリ、ジャパン！」の呼び声が響く。結果は歓喜の金メダル。ひときわ高い舞台に上がる興奮の中で、日出ずる国を表す日の丸の演出。私はそのすべてを取り仕切り、大きくアピール。日本の国旗を大きく振った。そして「ありがとう」「サンキュー」「ヨロブンカムサハムニダ」と、この「つき運」と気力が日本選手団に続くよう思いを込めて大声で叫んだ（金メダルなどは、気合を入れればポンポンと続くもの、念動力が必要だ）。

舞台の一番高い段上、なぜか私の横には遠くにいたはずの、マンツーマントレーナーの妻が上がっていた。私はきまり悪さもあって、思わず「何で上がってきたん。まあ、いいかぁ」とつぶやいていた。気になっていたプエルトリコのトレーナー兼選手は2位だった。

そして、その金メダルへの流れをつくる念動力の勢いは、シニア部門・テクニカル、ファッションともに、私どもの願いである団体総合優勝へと導いた。また、シニア部門では2人の金メダリスト、片桐寿彦（愛知県）、根岸志匡（東京都）も誕生。改めて日本の理容の力を世界に見せつける結果となった。もちろん当初より願っていた、メダルの量産（金メダル11個、銀・銅各8個、合計27個）も含めて過去最高の成績を残した。

その夜、「感謝のつどい」の祝賀会場には海外にもかかわらず、約200人の国内応援団が詰めかけ、「ヘアワールド2016 in KOREA」の結果の喜びを分かち合った。

人は歳を重ねても、精神力で強く生きる「諦めない方がとにかく楽しく生きることができる」ことを実感したのである。

（私の結果は、多くの人々の念力にも似た応援で得たようなもので「もう一度やってみろ」と言われても、到底できない快挙といえる。その後多くの人から祝福を受けたが、その日までの数多くの方々の手助けが思い出されて、万感胸にこみ上げるものを覚えた）

◇金メダルの偉業

3月29日（火）、前日の感激が冷めやらぬままに、韓国の仁川《インチョン》国際空港（空港に中村時広愛媛県知事からお祝いの電話が入る）から直接、松山空港に帰る。入国審査を終えると、NHKや地元放送局のテレビカメラがロビーで待ち構えていた。また、篠原泰造・宮崎富夫の松山正副支部長が花束で出迎えてくれた。世界大会出場の四国関係者全員の帰国であり、日の丸の小旗を持ってゲートをくぐったが、空港でのインタビューに改めて金メダルの偉業に気づいた次第である。

3月31日（木）、厚生労働省に塩崎恭久大臣を訪ね、二つの団体総合優勝を果たしたシニア部門の選手や大会関係者16名とともに、凱旋報告を行った。

厚生労働大臣に凱旋報告。前列左から全国理容連合会山本教育委員長、塩崎大臣、筆者、早川全国理容連合会副理事長、後列はチームトレーナーおよび選手。

◇すべてがプラス要因であった

私は、日本の理美容を代表する団長として、また選手の一人として一人二役で大会に臨んだ。日本代表選手の重圧感もある中、トレーニングの厳しさや練習不足の心配もあった反面、世界大会経験者や理美容技術に詳しい方々のアドバイス、そして家族の応援、理美容師養成校の生徒や若者との合同レッスン等々、プラス要因がたくさんあった。また、あの親指の骨折も、むしろピンチをチャンスと考えての効率的なトレーニングなど、いろいろあっての結果であり、すべて良しの世界大会への挑戦であった。

今後は、この結果を日本の社会全体に漂うマイナス気運をプラス志向へと反転突破させる起爆剤につなげなければならない。少なくとも理美容業界活性化の原動力となり、若者がこの業を目指す一つのきっかけになれば良いと願っている。とにかく、この感動を自分だけのものにしてはいけないのである。

世界理容美容技術選手権大会―2016年・作句

桜季《さくらどき》上着脱ぎすて鋏《はさみ》取る

「花」といえば桜をさす。時は3月28日、「開花から満開」と日本各地で春の訪れのニュースが報じられる。私は、ヘアスタイルづくりの技に挑戦。思い切りよく上着を脱ぎすて理容の鋏を握る。

花吹雪《はなふぶき》声とはならず二分前《にふんまえ》

世界大会の場内は大応援の中、外国語での説明。特に経過時間の秒読みに、私は不安を感じていた。仲間に日本語での時間経過を依頼するも伝わってこない。（72ページの心境）

歓声《かんせい》に日の丸揺《ゆ》るる花吹雪

桜は散り際が美しい。それも金メダルの大歓声、大きく振る日の丸に花吹雪とは、これ以上の興奮はないだろう。

金メダル掛けて帰るやおそ桜

68歳での金メダル獲得。胸に掛けて帰国するが、何となくの恥ずかしさ。

HAIR WORLD 2016
in KOREA

TOSHIO OMORI
マスタースタイリスト アワード

ワールドチャンピオンのヘアスタイルは、

テーマは

花の城

7本の花槍

賤ヶ岳《しずがだけ》の七本槍、ヘアワールドの戦いでは花槍を表現。ここは毛束を大きく鋭く7本立てる。

髪・花いかだ

ブラックのキャンバスに花いかだ（桜の花びらが水面に浮きかたまり流れるようす）を描く。

花の舞

咲き乱れた花の舞い。美しさを思い切り表現。春を漂うハーモニー、そして毛束の大小によるメリハリがある。

創作の見せどころ

コンクール（競技）には、見せどころが大切である。ジャッジ（審査委員）にここを見せたい、見てもらいたい箇所をつくることだ。欠点を捜させてはいけない。見せどころにジャッジを誘い込むことである。

第三章

ヘアワールド２０１６〔その後〕

「祭りのない村はさびれる」「祭りは人々を元気にする」「祭りは生きる楽しみ」。地元自治体は町おこしに数多《あまた》の祭り行事を展開する。

理美容業の「祭り」、それは技術を競うコンテスト。しかし、この業界最大のイベントも、手を抜いていると参加者が減ってくる。都道府県大会を勝ち進むと全国大会。そして世界大会への道。

最多の選手団で、メダルの量産を目指し、いざ「ヘアワールド２０１６」へ。強運は自らを夢の金メダルへ…。この覇業をさらに業界活性化の原動力にしよう。

興奮冷めやらぬこの時、業の良さ、人生の楽しさを語りつなぐ。リーダー次第で人々は元気になる。

「日本理容美容教育センター教職員研修会講演より」２０１６年（平成28年）８月

◇プログレッシブ・カット

赤、青、黄などの色を塗り重ね、その構図と鮮やかな目の覚めるような色づかいが画面全体に充満するパブロ・ピカソの絵画。「この絵、子どもが描いたんじゃないの」「ふう〜ん、これが巨匠、天才?」そう思う人が多いのではないだろうか。ピカソは「下絵（デッサン）で終わるかも」と心配していたくらいで、生きている間に売れた絵は、靴屋のオヤジさんが買った一枚だけとか。「ふぅ〜ん、そんなもんかなぁ」

次元が違うと言えばそうかもしれない。極端に秀でている、いわゆるレベルが違うと言えばまたそれまで。その道の専門家から言わせると「ただただ、圧倒されるばかりだ」と、20世紀最大のスペイン出身の芸術家を讃える。

世界大会、私が出場したのはマスタースタイリストアワード、そして課題は「プログレッシブ・カット」。プログレッシブと言えば、１９６０年代後半、イギリスに現れたロックのジャンルの一つ。意味は進歩的、前衛的、実験的。

「ふう～ん、あんな髪して街の中歩けんやろ」「ピカソの世界よ。50年、100年先を見た、その道のプロがプログレッシブとして評価するヘアスタイルよ」と、そんな会話を何人かの親しいお客さまや友人と交わした。

確かにコンクール（大会）のヘアスタイルは、全国理容競技大会だ、トレンドヘアだと言っても、普通、街中で見るスタイルとはかけ離れている場合が多い。もし、街の通行人のヘアスタイルをそのまま大会でつくろうものなら、全くの審査外となるだろう。審査する者は、限られた時間内で一定の基準をもって、感覚審査を行う。選手として出場する者のつくるヘアスタイルは、まずは、ほかより一層秀でたスタイルをつくり、人の目を引くものが第一と私は考える。次

2016年（平成28年）、海外への暑中見舞いカード

に見せ処を、ドラマを演じるかのように、また、音楽を奏で聴かせるように見る者を引き込めれば最高。それが審査員をはじめ観客に評価された時、チャンピオンに輝くのだろう。

ピカソは「鳥の声や花は理解しようとしないでも愛せるのに、なぜ芸術に限って理解したがる？」と言った。私どもの大会のヘアスタイルづくりもコンクールともなれば芸術である。全国理容競技大会でのヘアスタイルも、世界大会におけるプログレッシブ・カットも、まさに理解を求めるものではなく、花鳥風月を愛でるような評価がそこに存在すると考えてはどうだろう。

◇ヘアワールド2016【その後Ⅰ】

〈一〉4月4日（日）、愛媛県松山市内の河原学園、4月8日（金）、愛媛県宇和島市内の宇和島美容学校で、それぞれの入学式において「手に職（技術）をつける！　理美容師に定年制はありません。68歳で世界チャンピオンになることもできました。これからは、エステやネイルにと広い分野で羽ばたいて」と未来ある理美容業の素晴らしさを述べる。

〈二〉金メダル関連表彰

▽4月25日（日）、中村時広愛媛県知事より「愛顔のえひめ賞」を受賞。

中村時広愛媛県知事がプログレッシブヘアに挑戦。

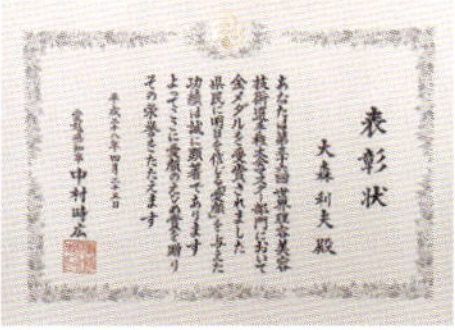

表彰状

大森 利夫 殿

あなたは第三十六回世界理容美容技術選手権大会マスター部門において金メダルを受賞されました 県民に明日を信じる愛顔を与えた功績は誠に顕著であります よってここに愛顔のえひめ賞を贈りその栄誉をたたえます

平成二十八年四月二十五日

愛媛県知事 中村時広

「愛顔のえひめ賞」

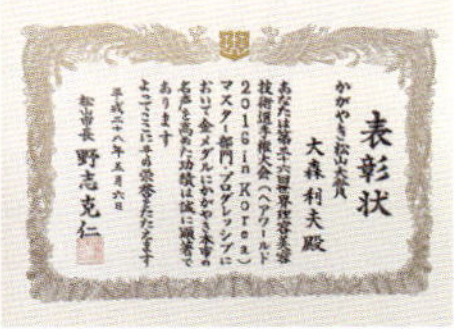

表彰状

かがやき松山大賞

大森 利夫 殿

あなたは第三十六回世界理容美容技術選手権大会（ヘアワールド2016 in Korea）マスター部門・プログレッシブにおいて金メダルにかがやき本市の名声を高めた功績は誠に顕著であります よってここにその栄誉をたたえます

平成二十八年五月六日

松山市長 野志克仁

「かがやき松山大賞」

▽5月6日（金）、野《の》志《し》克仁《かつひと》松山市長より「かがやき松山大賞」を受賞。

〈三〉新聞・雑誌記事報道

▽愛媛新聞（3月31日）▽朝日新聞（4月8日）▽リビング松山（4月23日）▽毎日新聞（4月24日）▽読売新聞（4月25日）▽産経新聞（5月21日）▽ウィークリーえひめリック（6月16日）▽雑誌「月刊インタビュー」（10月20日）

◎このほか、テレビ放映各社

愛媛新聞
3月31日 木曜日
技の髪形 華やか世界一
大森さん
韓国大会で金メダル
読売新聞
4月25日
カット世界一 髪がかり
松山の68歳大森さん 金
緻密に毛先キ
朝日新聞
4月8日 金曜日
「理美容の五輪」で金
際だつ技 髪にツヤ

世界理容美容機構（OMC）サルバトーレ・フォデラ会長よりの便り

DEAR PRESIDENT OMORI,
CONGRATULATIONS,FOR WINNING.

THE OMC MASTER STYLIST AWARD.

THIS IS A COMPETITION TO HAVE FUN.
THE MONEY FROM THAT COMPETITION WAS DONATED TO THE “GIFT OF LIFE” A CHARITY FOUNDATION IN NEW YORK.

（訳）親愛なる大森理事長へ。優勝おめでとうございます。

「OMCマスタースタイリストアワード」の競技を楽しみました。

この競技の出場料は、ニューヨークの慈善活動団体「ギフト・オブ・ライフ」に寄付しました。

◇ヘアワールド2016【その後Ⅱ】

それにしてもよくチャンピオンになったものだ。もしこの大会がヨーロッパでの開催であれば、時差のギャップもあるだろう。アジア（韓国）での実行に恵まれたような気もする。何はともあれ感謝、感謝の快挙であった。

〈大森利夫感謝の宴〉

▽5月15日（日）、愛媛県松山市内「リジェール松山」で発起人代表・中村時広愛媛県知事の呼びかけで「ヘアワールド2016 in KOREA」感謝の宴を行う（地元選出の国会議員をはじめ県議、市議、マスコミ関係、生活衛生13業種と仲間と、多くの人々が駆けつけてくれた）。

「感謝の宴」ヘアスタイルづくりを楽しむ野志克仁松山市長（右から2人目）。

〈日本選手団・祝賀の宴〉

▽5月27日（金）、東京都内「ホテルニューオータニ」で発起人代表・塩崎恭久厚生労働大臣で「世界理容美容技術選手権大会」祝賀の宴を行う。

世界大会へも、応援団長として参加した全国生活衛生営業指導センター小宮山健彦専務理事は「ヘアワールド２０１６ マスタースタイリストアワード ゴールドメダリスト ジャパン トシオ・オオモリ」と祝杯を高らかにあげた。

届いた祝賀のメッセージ

言行一致・金メダルお見事です。

世界大会ではシニアチームとジュニアチームも優秀な成績をおさめられ、これで理容業界も元気になるでしょう。持ち前の口八丁（十丁かな）手八丁で業界をリードして下さい。

衆議院議員

生活衛生議員連盟

会長　伊　吹　文　明

◇ヘアワールド２０１６【その後Ⅲ】

〈理容体験学習課外授業〉＝６月27日、愛媛県久万高原町「県立上浮穴高校」

世界大会の結果の後押しもあってか、この日、自分自身の気合も入っていた。（スタッフは若者４人、私を含めて５人。受講生12人）

16：00スタート―３月の世界大会を紹介するＤＶＤを約10分。次に学校側（教頭）のあいさつ。続いて、私は次の内容を話す。

「68歳の私が日の丸を背負い、日本を代表して競技に出る歓びは、定年がない生涯現役として長く働ける理美容師であればこそです。また、この久万高原町は私のふるさとであり、この地からは多くの先

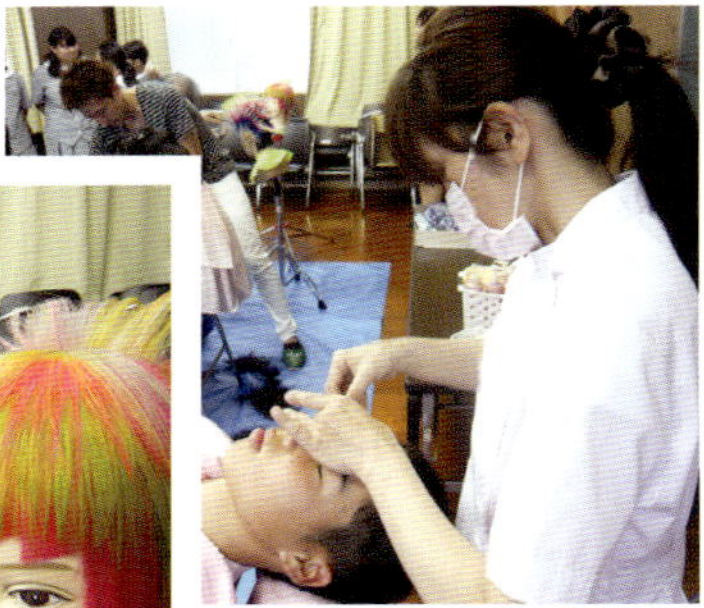

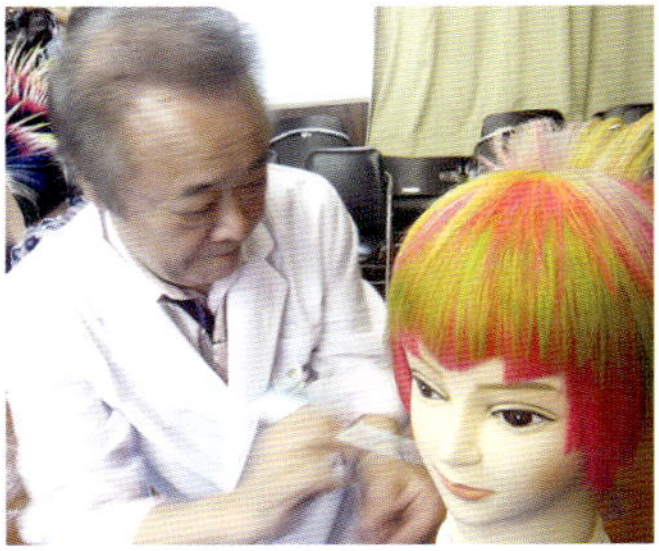

【写真はすべて授業中のもの】

輩たちが理美容師として松山市を中心に活躍をしています。わが家では、毎年5月の第1月曜日、山菜を食する「独活《うど》の会」を20数年間続けています。次に理美容の良さは、その生涯現役にあわせて、現金商売であること。また、少額の資本でサロンオーナー（経営者）になれることです。これからの皆さんの職業選択の一つに加えてください」と…。

その後、若い理容師が行うカットやシェービングにあわせて、私も世界大会での再現デモンストレーションを行った。

続いて、準備していたマネキンヘッドで生徒12人全員がヘアカットを楽しんだ。全体のムードも大変良かった。そして最後の「理美容師になることを考えてみようと思う人」との私の問いに、11人が手を挙げた。

また、「身内、親戚に理美容師のいる人」の問いにも3人いて、この地が愛媛県内における理美容師誕生の最多の地であることを物語っていた。果たして受講生の中から理美容の道に進む生徒は何人いるだろう。楽しみである。

——終了17：30

私は、このたびの世界大会挑戦の結果を持って、理美容業の良さを全国の若者に呼びかけ続けたいと思っている。国を代表した責任感と、代表できる喜びを多くの人々に熱く語っていきたいのである。

理美容師になることのすすめ

1. 日本の代表として「日の丸を背負い」世界チャンピオンにもなれる。
2. 長寿社会、長〜く現役で働ける理美容師の魅力。
3. 幅広い新メニュー（ネイル、エステティックなど）の導入など将来性がある。
4. 小規模であっても理美容サロンオーナーになれる。
5. 不渡り手形のリスクもなく、毎日安心な現金収入がある。等々…

◇ヘアワールド２０１６【その後Ⅳ】

１９９２年（平成４年）10月に日本で開催した第24回世界理容美容技術選手権大会（ヘアワールド'92ＴＯＫＹＯ）で、３部門そして団体優勝をした田中トシオ・コンペティションディレクターの「一区切り」をつける退任の会が、２０１６年（平成28年）９月20日、東京都内のパレスホテル東京であった。

発起人代表は「この人をおいて私を語ることはできない」と田中トシオさんが言う、中谷人志・昭和55年第32回日本チャンピオン。真の親友というものはいいもので、互いが理解し合って讃え合うあいさつには感銘した。

私はこの日、胸に３月28日の金メダルを掛けて出席、次のように言った。

「今年３月のメダルを掛けることとは、恥ずかしさ、そして何か威張ったようにも感じられ抵抗が強い。しかし、〝70歳はすぐ隣〟の私が日の丸を背負い、金メダルを胸にすることとは、長寿社会において現役で働ける理美容業こそ最高であることを示すものだ。このことを社会や次世代を担う若者に大声で叫んで回りたい」と。

――続いて、ブラジル・リオデジャネイロでのオリンピック、パラリンピックは、次の東京大会への弾みになったといえども、改めてメダル獲得の難しさを痛感――。

「私ども日本の理容は、この3月の世界大会で金メダル11個、銀メダル8個、銅メダル8個（団体4人のメダルを個々の数として）、メダル総数27個を取り、凱旋した。この日本の素晴らしい理美容の技術力の高さをアピールしたい」と述べた。

私は、この日の前日、青森市で、また前々日は佐賀市で、メダルを胸に理美容への熱い思いを語った――そしてこれからも「メダルをネクタイ代わりに堂々と胸に掛け、後継者育成を目的とする理美容の広告塔として役割を果たす覚悟をしている。

◇みんな生涯現役

「これで理事長は競技をやめますか？　もう引退ですよねぇ」このように問われても私は「イエス」とは言わない。本書は当初、世界理容美容技術選手権大会「金メダルへの道」であったが、これは過ぎ去ったことであり、未来に向かっては「生涯現役」であろうと選んだのである。

福澤諭吉心訓七則に、「一、世の中で一番楽しく立派なことは一生涯を貫く仕事を持つことである」とあるが、みんな生涯現役の気持ちに変わりはなく、生かされて生きる世においては、その年齢や体調に合わせて「みんな生涯現役」である。

２０１４年（平成26年）４月９日、天皇・皇后両陛下が太平洋戦争の激戦地パラオ・ペリリュー島の慰霊碑「西太平洋戦没者の碑」を訪ねられ、平和をご祈願なさったり、地元

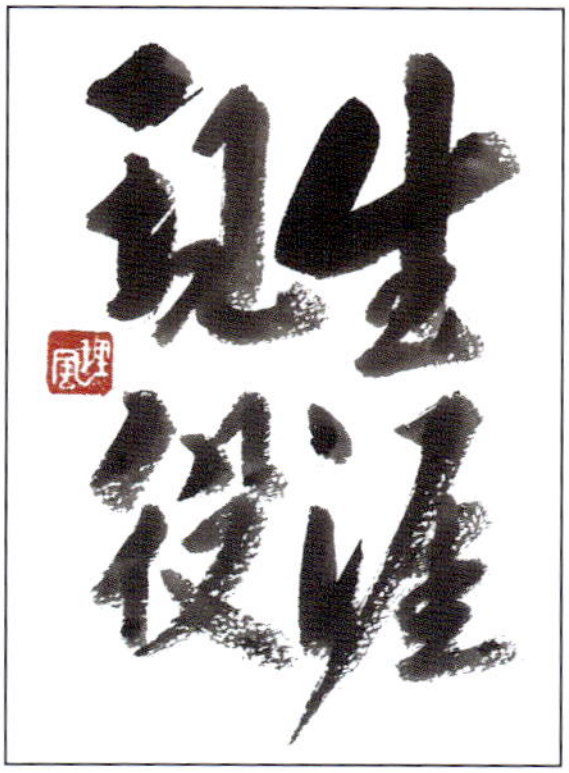

住民と穏やかな表情で交流をされたりしたお姿には、感動とともにずいぶんと勇気づけられた。陛下は傘寿を超えられ、また何年か前には心臓の治療をされ、何かと体調管理は大変であるとお察し申し上げるに、供花する両陛下のお姿がテレビで流れるたびに、私は自らの気の弱さにムチ打たれたことを覚えている。

つい先頃、陛下は自らの衰えを考慮して「これまでのように、全身全霊をもって象徴の務めを果たしていくことが難しくなるのではないかと案じています」と語られ、その思いを示された。天皇陛下に敬服するとともに、これまでのような大所高所からのやさしいお心配りで我々を見守っていただくよう、ご長寿を願うばかりである。

自らを陛下と比べるのは大変おこがましいが、私は、現在の陛下の82歳というご年齢にはまだ時間がある。自らが晩節を汚さない気持ちを持ちつつも、自分のできる範囲で、万分の一でも、いやその万々分の一でも、人々に感動を与える人生でありたいと思っている。

あの世界大会を終えて半年が過ぎたが、私は今もあのヘアスタイルに手を入れつつ進化させ、東京そして松山の自宅の玄関先に並べている。

◇マイスター制度

――消えかけた達人――

理容関係の昔の仲間に会うと私は、「今、日本剃刀《かみそり》を使う人はおらんかのぉ」と、よく問いかける。すると「研《と》ぐ本山砥石《ほんやまといし》がないじゃろぅ。いなくなったなぁ！」との返事がほとんどである。ついこの間まで、理容学校入学時からその技を身につけ使ってきた日本剃刀やレーザー。そしてその研磨、革砥《かわと》による刃の整え、またシャボンを泡立てての高度なシェービングテクニックが消えてしまいそうである。

一世代前の達人と言われた人は、目隠しをして髪を刈ったり、シェービングができたという（その理

革砥と日本剃刀

由は、体を定規とした基本姿勢と、モデルの頭部、顔面の観測をしっかりしているからだという)。そんな日本の高度な、しかも安全な技術は、単に髪を刈ったり髭を剃るだけではなく、生理解剖学的に血液の流れを知り、研究された「気持ちいい〜」という快感技術、お客さまを癒しの世界へ誘うおもてなしの技があったのである。

理美容の仕事は、ファクトリーオートメーション化はできないだろうから「食いはぐれないよなぁ」なんて言われてきたけれど、今では短時間で髪を短く、またシェービングは、ホテルに置いてある安全カミソリほどの「髭が剃れればいい」という程度のものが先行し、事実、便利さも手伝って受けている(それはそれで、業界は顧客に選ばれるサロン経営に努力しなければいけない)。しかし、それればかりに気を取られ、忘れられているのが、人間工学的に研究された日本の理容の技、快感技術であり、おもてなしのサービスである。頭部の形に合わせたカット技術とヘアスタイルづくり、肌に触れたか触れないかで、産毛までしっかり剃るシェービング。「あんたの剃刀は軽いなぁ」なんて昔はよく言われたものである。

日本の理容の技術力を低下させた原因は何だろうか。その一つは、理美容師養成校におけるマネキンヘッドモデルによる勉強や国家試験へのマネキンモデルの導入であろう。

自らの膝や拳を人の顎に見立てての、顔剃りの練習の繰り返しが、皮膚への軽い剃刀の運びとなり、また、クラス仲間同士の相モデルになっての訓練こそが実践に近い髪のカットや髭剃りの最も良い勉強となっていたのである。

敏感な人の肌の感触を確かめながらの技の修得こそが、快感技術を学ぶ基礎である。それが、いつの間にか人形での型のみの試験であったり、技術の修得になってしまったのでは、マイスターへの道は程遠い（以前、私はその改善を求めて強い行動を起こしたが、受け入れてもらえなかったことがある）。ましてや近頃、国家試験で仕上げのみの合否審査があったというから、残念で仕方がない。

村木厚子元厚生労働事務次官は、日本経済新聞（平成28年6月21日付・夕刊）の中で「日本の成長を支えてきた技能が今後も生き残るか」ということに興味を持ち「ものづくりマイスター制度の活用による、海外にも通用する〝よいもの〟をつくる技能を残して…」と述べている。

まったくその通りである。全国理容連合会の代表として、私は不満や人任せでは取り返しがつかないと、平成27年度より「ＢＢ（ＢＡＲＢＥＲの略）シェービングマイスター検定制度」をスタートさせた。できる限り早く、ゆくゆくは47都道府県に何人かは、この業の達人を次世代へ継承する「理容達人道場」でも立ち上げたいと思っている。

――結びつかない食う力――

何年くらい前だっただろうか。週末、特に疲れていたので刺身でも買って一杯やろうと、都内の百貨店地下食料品売り場に出かけた。勢いある掛け声の中、目に留まったのは白衣と、すし屋の大将がかぶる調理和帽子姿で懸命に庖丁を研ぐ30歳前後の女性の姿であった。凛々しくも美しく、ガラス越しではあったが、すごく光り輝いて見えて「すご～い」と思いつつも、気を散らしてはいけないと気づかれないようにしばらく見入った。「理容師はどうなっているのだろう。最近、剃刀を研いでいる姿など見たこともなく、理美容学校では鋏や剃刀の研ぎ方を教えているのだろうか？」いつの間にか庖丁を研ぐその粋な女性を理容師に映し替えていた。

理容業界は「見て学べ」から「何度の方向に何回行う」と、理論的に教えるようになり、学ぶ側はずいぶんと学びやすくなっているはず。しかしこの業界はなぜか容易な道を進むことで、大事なものまで失いかけているような気がする。

日本の技術を高めるためのマイスター認定制度は、国や都道府県でも、自動車、建設、左官、配管、塗装、表装と多岐にわたって顕彰認定を行ったり、技能五輪大会を開き、機械の組み立て、電気溶接、自動車板金、理美容、造園等々の技術を競い合い、表彰を行っている。しかし、それらはいずれも表彰のみとなり、またその繰り返しにすぎず、そこから一歩進めたその技能を讃えつつ、

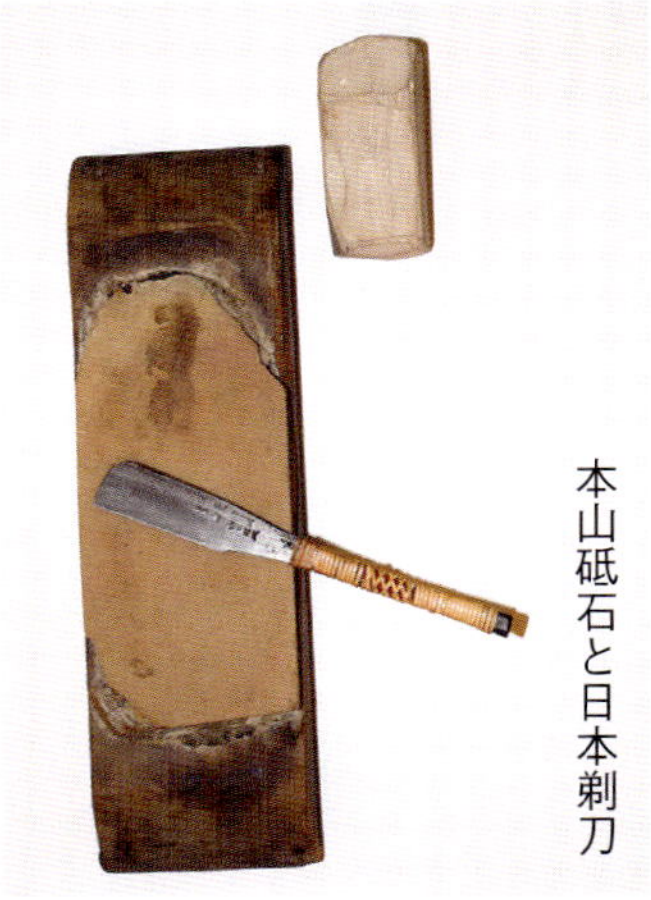

本山砥石と日本剃刀

その本人の技能尊重を高めつつの食える力（収入支援）のシステム化ができないがために、後継者は育たず、その評価の実は結ばれていないのが現状だ。

―ドイツに学ぶ―

２０１４年（平成26年）５月、ドイツに行った。その時のガイドによると、ドイツは４年間の初等教育段階を卒業すると、人それぞれ進路を３つに分類するという（以下、基本的な権限は16の州によって少しずつ違っている）。ギムナジウムという９年制の大学を選びホワイトカラー管理職を目指すか、マイスター（親方）ブルーカラー職人を目指すか、10歳で進路を決定するのである。またドイツでは13歳で子供は独立。自宅は各々の義務として２年に１度はリフォーム。洗濯物は人の目につかぬところに干すという。つまり、それぞれ権利と責任、そして自立心を持ち、暮らしを守っているのである。

このドイツは、ベンツやＢＭＷ、刃物ではゾーリンゲン等々、技術立国として経済でもＥＵ28カ国の中で一人勝ちとなっている。その根本要因は職業教育や自立心の強さにあるといっても過言ではない。早くから職を見定める（10歳から始める職業教育）制度や、技能の伝統を支えている高等職業能力資格認定制度も法制化されている。

一方、先の大戦で同じ敗戦国となった日本も「日本版マイスター制度に関する特命委員会」を平成27年に立ち上げた。期待は大きいが、その後これといった情報を聞くことはない。しかし、私はこの「特命委員会」を耳にしているだけに全国理容連合会に「ＢＢシェービングマイスター認定制度」をスタートさせねばと立ち上げた。

グローバル化が進み、地球規模で物事を考えなければいけないわが国は、資源も乏しく、生産性を考慮した技術の分野は重要である。ホワイトカラー族の活躍のみでは一億総活躍社会の実現は到底無理なことである。少子高齢化を補うための移民政策問題も出てくるだろうが、今の段階では、この国で食える日本人の技能をしっ

認定証

殿

貴殿は全国理容連合会主催の
BBシェービング検定制度〈筆記〉
におけるゴールドマイスター
であることを認める

平成二十八年三月三十一日
全国理容生活衛生同業組合連合会
理事長　大森 利夫

全国理容連合会が立ち上げた「BBシェービングマイスター制度」の認定証。

かり次世代につなぐシステムの構築が急務と考える。

理容業界も消えかけた達人の技を次世代にどう伝えるか、私の「生涯現役」の務めは続く。

〈付記〉

第四章　ＯＭＣアジアカップ２０１２

これまでの「理容美容競技大会」の中で名実ともに最も意義深く、印象に残った大会は、この「OMCアジアカップ2012」である。この大会を日本代表として挙行することにより、世界大会をより身近にとらえることができ、選手としての「金メダルへの道」に大きく影響したと考えている。

「OMCアジアカップ2012」に出場した日本選手団。
中央左が筆者、右がフォデラOMC会長。

◇悩ましき主催と実行

「主催には主催の」「実行には実行としての」難しさがある。私は、これまで数えきれないほどの催しの役職を務めてきた。

特に、理容における全国大会や地元愛媛県内での主催者代表としての立場では、実際の運営は実行委員会に託すのがほとんどである。しかし、時には「日時、場所」の抜けている印刷物が出てきたり、運営上で危険を感じた時は、動物的直感のようなもので、即変更や対応をとった。大会は宴を楽しむだけではなく、目配り、心配りが大切だ。

２０１２年（平成24年）２月の「世界理容美容機構（ＯＭＣ）アジアカップオープン２０１２沖縄大会」は実行委員長の立場。ＯＭＣ本部や外国からの「押しつけ」での申し入れに対しては、決断を曲げることなく、実行国としての言い分を通した例もある（スムーズな進行、選手への公正・公平等々）。国際大会を引き受ける場合は、特に国の違い、国民性を頭に置く必要がある。

――2020年東京オリンピック誘致に関して、国際オリンピック委員会（IOC）委員の関連するシンガポールのコンサルタント会社に、2億円を支払ったという疑義。コンサルタント料の有無は別として、外国人との交渉事は日本の常識では通用しにくい場合が多々あるから大変。しかしそれを超え、後ろ向きな話題を吹き飛ばして大会を実行することにより、「大変さ」の次の「感動」が成功への声と変わる。それには、主催者と実行者が共通の目的を持ち、熱を帯びる仲であっても冷静を保ち、語り合うことが必要だ。それでも国際大会ともなれば会議にも限界がある。さらには、言語の問題もあり会議のやり取りも衰え、主催者の大声による叫びの「呼び水」もあり、主催者の権力は強くなりがちで、方向性を変えることはできにくい。

――しかし、恐れていたのでは改革も守ることもできない。主催者側、実行者側ともに「お任せきり」ではなく、賢い対処、対応が求められる。

それだけに両者間では、常に決定が正しいかどうかの意識を持つことが大切で、正しいと思う意見が異なる時は、説得し説得されつつ、粘り強く答えを探り出さなければいけないのである。

◇「沖縄復帰40周年記念事業」

人はそれぞれの人生のテーマを持つが、私は「平和、福祉、環境」を掲げている（その実現と永続性のために「教育」に力を注ぐことが重要とも思っている）。その私のライフワークの一つ、「平和」をテーマに行ったのが、「沖縄復帰40周年記念事業」として沖縄県に認められたこの大会であり、内容においてもまさに画期的と言えよう。

第二次世界大戦後、残された悲劇の島・沖縄は１９７２年（昭和47年）５月15日にアメリカより日本に返還された。

日米地上戦の悲劇や米軍統治、そして現在でも基地の島として問題を抱えている沖縄。私は恒久平和への願いを込めて、理美容の競技大会の実行を通して数々の平和への発信事業を行うことにしたのである。

大会一年前の２０１１年２月14日、沖縄県庁に当時の仲井眞《なかいま》弘多《ひろかず》知事を訪ね、沖縄日本国「復帰40周年記念事業」の中に「ＯＭＣアジアカップ２０１２」を加えることについて陳情を行った。

沖縄返還と理美容競技大会の関連はつながりにくいが、平和をテーマとする関連事業案を企画し、単なる競技大会とならない内容を、知事に直接持ち込み熱く語ったのである。

その結果を私は長〜く待ちに待ったが、その甲斐あってその年の11月7日、沖縄県より了承の通知が届いたのである。「叩けよ、さらば開かれん」である。

「復帰40周年記念事業」としての承認を陳情。右から仲井眞弘多沖縄県知事（当時）、筆者、石川幸子沖縄県理容組合理事長（当時）。

「今輝く技と美の競演」―平和（ピース）、技術（テクニック）、衛生（サニテーション）をスローガンに、理美容の技術競技にあわせて、平和へのセレモニーを積極的に展開した。それらの内容を記すこととする。

〈大会スローガン〉

平和―沖縄の歴史、文化、そして自然に触れ、自由と平和を確認。この沖縄の地より恒久平和の宣言をする。

技術―日本の理美容技術は世界のヘアファッション界のリード役である。技と美の心を極める理容の流儀。この理美容の技術をアジアや世界に発信する。

衛生―人々の命を守るサニテーション。より衛生的な快適さを提供する理美容師。この日本・沖縄の地より、衛生的で高度な理美容による生活文化（健康）を発信する。

大会のテーマ「和・技・衛」を書する書道ガールズ。

この大会のスローガン平和の「和」、技術の「技」、衛生の「衛」の文字を書いたのは愛媛県立三島高校書道部の皆さんで、平成19年に国際高校生選抜書道展で準優勝。成海璃子《なるみりこ》主演の映画「書道ガールズ!! わたしたちの甲子園」（2010年5月公開）のモデル校になった。

◇平和の句碑建立・除幕

沖縄県では、この大会より5年前の2007年（平成19年）に理容学校（理容師養成校）閉校という問題が起こった。私は「後継者が育たない沖縄に理容の未来はない」と、理容師養成校の再建に向けて、その年の11月9日、沖縄県庁をはじめ那覇市の専門学校を訪ねて、その協力依頼に回ったのである。

その必死の思いの中、受け入れてくれたのが、学校法人「石川学園」専門学校「大育」であった。代表である石川正一氏が、沖縄の理美容学校開校の快諾をして、その養成校が完成したのが2009年（平成21年）4月9日。開校初の入学式には私も出向き、「沖縄理容

大育理容美容専門学校に建立された句碑。

TV番組でのアグネス・チャンさんとの対談。

学校再建物語」と題してタレントのアグネス・チャンさんと私が対談。テレビ30分番組の制作、全国放映も行った。

その「大育理容美容専門学校」に、OMCアジアカップ2012の開催と平和への願いを込めて、句碑「平和への飽くなき望み桜舞ふ」を建立。大会を前にしての2012年2月18日、その除幕式典を行ったのである。

除幕には、日本の政界を担う経済産業相、運輸相、自由民主党総務会長等を務め、現在、同幹事長である二階俊博衆議院議員、サルバトーレ・フォデラOMC会長、閻秀珍OMC中国会長らが出席。沖縄・復帰40周年記念事業、メモリアル・イベントとして参加者より大いなる賞賛を得たのである。

恒久平和を願い除幕。左からフォデラOMC会長、石川正一学園長、石川幸子沖縄県組合理事長（当時）、筆者、二階俊博衆議院議員、閻秀珍OMC中国会長。

◇大会を記念しての植樹祭や、平和の象徴「鳩」を放つ

2月19日、大会会場の沖縄コンベンションセンターでは、平和をテーマとした大会開催を記念して、安里繁信沖縄コンベンションビューロー会長や、地元の佐喜眞《さきま》淳《あつし》宜野湾市長をはじめ、政官界、業界関係団体１００人が集まり、植樹祭を行った。

「ヨイショ、ヨイショ」の掛け声で記念樹に土が盛られる。

沖縄県で、昔から新築した家に植えられるという「琉球の黒檀」が「ヨイショ、ヨイショ、ヨイショ」の掛け声で植えられた。その後、平和の象徴である鳩50羽が沖縄の空から世界に向かって放たれ、恒久平和への願いを新たにした。

平和の象徴、鳩を世界の空に向け放つ。

◇平和への願いを20万羽の折り鶴に

2月19日、那覇市内で約350人を迎えて行われた「ウェルカムパーティー」で、仲井眞弘多沖縄県知事（当時）に平和を願って全国の女性理容師が折った20万羽を超える折り鶴を贈った（折り鶴は、沖縄戦没者20万人への鎮魂の思いを込めたもの）。

ウェルカムパーティー会場に展示された折り鶴と各国OMC役員。

「OMCアジアカップ2012」の競技会場にも折り鶴が展示された。

折り鶴の色は理容のシンボルカラーの赤、白、青。サイズも揃えて全国の女性理容師が力を合わせてつくろうと、限られた日数で沖縄に届けられた。私は改めて素晴らしい組織力に感謝をした。この折り鶴は沖縄県の平和祈念資料館に長く展示され、残された。

◇ＯＭＣ会長とのヘアショーの競演

2月19日、那覇市内の「ロワジールホテル＆スパタワー那覇」では各国の来賓を迎えての「ウェルカムパーティ」があった。オープニングは、サルバトーレ・フォデラＯＭＣ会長と私がヘアショーを競演。フォデラ会長は、世界大会の元チャンピオンであり、私はこの競演を楽しみにしてきた（ヘアショーであれ、負けられないこの催しにはトレーナーとして「最強の裏方」である、あの世界大会カラー特別賞でその名の残る花島和久さんと、坊ちゃん刈りチャンピオンの村上重雄さんがいたことは知る人ぞ知るである）。

ヘアショー競演中の筆者。

ヘアショーで筆者が仕上げたメンズ作品。

私のその日のユニフォームは、日本男子の第一礼装とされる羽織袴。しかもそれは白装束。会場を「あっ」と言わせようと考えた。でも、普段着なれない装束でのヘアスタイルづくりは難しかったが、メンズ、レディスとそれぞれつくり、一生の思い出となるヘアショーとなった。

終了後、フォデラ会長は私の近くに寄り、マイクを片手に互いの出来栄えを見ながら「2人のヘアショーを通して、年齢を重ねても理美容業界に対する熱意を持つことの素晴らしさを人々に、特に若者に伝えたい」と語った。フォデラ会長との一戦を考えていた私のオープニングの挨拶は、私の不得意な英語、中国語、韓国語（何度も何度も通訳に教わった）を交えて行った。言葉こそが国際交流の親密度を高める早道である。

競演を終え、万雷の拍手に応える、筆者とフォデラOMC会長。

ヘアショーを終えた2人には万雷の拍手が贈られたことは言うまでもない。この元世界チャンピオンとのショーが、私を世界大会への選手としての出場を決めた要因、きっかけの一つになったのは確かである。

◇ナンバーワンはJAPAN!! 全部門でメダル獲得

2月20日、宜野湾市「沖縄コンベンションセンター」で行われた競技大会には、8つの国と地域（韓国、スリランカ、中国、香港、台湾、モンゴル、デンマーク、日本）から148人の選手が出場。メンズ部門8競技に出場した日本選手団は全部門でメダルを獲得。改めて日本の理容技術の高さを証明した。

閉会式では、OMCフォデラ会長より「観客が最後まで残ってくれるか心配だ」と最後の盛り上がりの必要性を私に示唆した。私は、日本応援団の熱気の高まりや、何より「日本人のマナー」を誇らしげに伝えた。するとそのとおり、会場約3千人は誰一人として席を立つ者はいなかった。フォデラ会長は「ベリーグッド」と親指を高く立てて私にサインを送った。

「よかった、大成功だ」との多くの言葉、

表彰式では、大会運営に対する感謝状が筆者に贈られた。

そして、沖縄県の実行委員会の見送りを受けて、「荷を降ろした男の背中」の心地よさを感じつつ、豆腐餻《とうふよう》を土産に南の島を飛び立った。

「この大会が私の人生の最大のイベントになるかも…」

２０１２年5月15日、沖縄は日本復帰40周年を迎えた。

私は、この沖縄県での沖縄復帰40周年記念事業「ＯＭＣアジアカップ２０１２」実行や、それまでの長年（平成18年7月のモスクワ大会より）にわたっての選手育成が認められ、平成24年10月6日、イタリア・ミラノにおいて、世界理容美容機構より名誉の殿堂章を受賞した。

名誉の殿堂章トロフィー（上）とメダル（下）

世界理容美容技術選手権大会
日本の理容の優勝・金メダル・特別賞獲得表
1992年～2016年（2006年より筆者が日本代表を務めた）

開催国	日　程	内　容
日本	1992年10月5日～7日	◇シニア団体優勝 ○個人金メダル 〈アーティスティック〉　田中トシオ 〈レーザースカルプチュアード〉　田中トシオ 〈ファッション〉　田中トシオ
アメリカ	2002年7月29日～31日	※特別カラー賞　山本　博司
イタリア	2004年11月7～8日	※特別カラー賞　佐藤　秀樹 花島　和久
ロシア	2006年6月30日～7月4日	○個人金メダル 〈シニア・クリエイティブ〉　山口　敬史
アメリカ	2008年3月1日～3日	◇シニア団体〈テクニカル〉　優勝 ◇ジュニア団体〈テクニカル〉　優勝 ○個人金メダル 〈ジュニア・クリエイティブ〉　木村亜里須
フランス	2010年11月6日～8日	※スーパーチャンピオン賞　佐藤　秀樹
イタリア	2012年10月6日～8日	※名誉の殿堂章　大森　利夫
ドイツ	2014年5月3日～5日	◇シニア団体〈ファッション〉　優勝
韓国	2016年3月26日～28日	◇シニア団体〈テクニカル〉　優勝 〈ファッション〉　優勝 ○個人金メダル 〈シニア・プログレッシブ〉　片桐　寿彦 〈シニア・ファッション〉　根岸　志匡 〈マスタースタイリスト〉　大森　利夫

2014年ドイツ世界大会でシニア団体優勝した選手が、安倍総理大臣に凱旋報告。後列は左から、角野悦雄山口県組合理事長（当時）、安倍晋三総理大臣、筆者、衛藤晟一総理補佐官〔2014年5月13日〕

◇あげまん（あとがきにかえて）

金メダルは確かな快挙であるが、そもそも日本の理美容の代表を務め諸会議も重なり、大変なのになぜ選手として出場したのか。また、勝因はどこに。もちろん世界大会に出場するには、出場資格となる、それまでの国内大会の成績が満たされていなければいけない（私は、平成26年10月に山形県であった第66回全国大会での優秀賞の3位や、四国大会、愛媛県大会それぞれの優勝経歴がある）。

選手としての出場の理由には当初、「努力する親の背中」の大切さでスタートしたことは記したが、その後の世界大会出場の決断の一つは、平成27年5月16日、マレーシア・クアラルンプールであったOMCアジア総会での「マスタースタイリストアワード」（50歳以上の出場種目）の提案者であったことにもある（国内における競技大会の活性化をめざし、この種目を私が肝いりで進めてきたことは前述のとおり）。

理由その二つ目は、平成27年10月12日、埼玉県であった第67回全国理容競技大会の成績結果について、来賓として出席した塩崎恭久厚労大臣より、翌日の長～い電話で「愛媛県の美容は成績がいいのに、理容は貴方がいてなぜだめなのか。条件は皆同じはずだ」の言葉に「何クッソ！　自らが何とかしなければ、他人に任せていてもダメ」と強い反発心が湧いたことが掲げられる（嘆いてばかりでは何も生まれない。行動起こすのみ）。

そして、さらにその理由を掲げるとすれば、私の心のどこかに、①物怖じしない「挑戦」という虫が住んでいたこと。そしてその虫に、②戦う（競技）気運を高める「生涯現役」の気持ちが生まれ、③私の技術力を上げる仲間の応援念力が加わり、それまで培った世界大会への参加や沖縄でのアジアカップ2012の実行など、物語としてのやる気にスイッチが入ったことである。あわせて④「金メダルをとる」という目標に向かっての「集中力」が、このたびの結果につながったように感じる。

さらに加えるとすれば、金メダル（頂点に立つ）というものはなかなか取れるものではないが、世界の舞台では特に「ツキ運」を引っ張ってくる気力、念動力。それが実力以上のものを生み出すのだと思っている。

そのツキ運。ずいぶん前から妻は、

「私は、男性を出世させる〝あげまん〟よ」と幾度も繰り返して言う。

「ふ〜ん」

「左手の感情線が上向きに上昇して三方に流れとろうがねぇ」

何やら分からん手相見のようなことを言うのである。

しかし、そういえば私の人生ずう〜っと、いや結婚以来順調で、多くの人に助けられてとても幸せなことばかりが続いている。人生、アクシデントも何回かあったが、すべてプラスへと変わっていったような気がする。

——とすると、今回の「金メダル」も〝あげまん〟のせい（力）だったのだろうか。

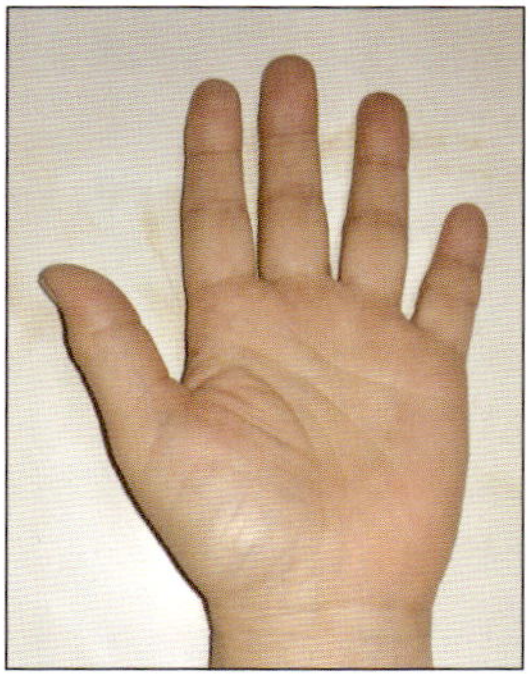

著者

大森　敬夫
本名・利夫

昭和22年・愛媛県生まれ
〒791-1105　松山市北井門1丁目16-18

◆趣　味　将棋　俳句　料理
◆座右の銘　万物生光輝
　人を動かすのは真心
◆著　書　「育つ」
　「旅ごころ―芭蕉になりたい」
◆展示会　俳画、相原左義長との二人展
　テーマ「平和」
◆主な賞歴　厚生大臣表彰
　日本顕彰会表彰
　藍綬褒章
　愛媛県政発足記念表彰
　環境大臣表彰
　世界理美容名誉の殿堂章
　愛媛県優秀技能者表彰

◆現在の主な役職
全国生活衛生同業組合中央会理事長
　理容／美容／興行／クリーニング
　公衆浴場／旅館／麺類／氷雪
　食肉／飲食／すし／食鳥肉／喫茶
　中華料理／社交／料理
全国理容生活衛生同業組合連合会理事長
中央理美容専門学校理事長
愛媛県理容生活衛生同業組合理事長
愛媛県生活衛生同業組合連合会会長
愛媛県生活衛生営業指導センター理事長
宇和島美容学校理事長
伊予観光大使／まつやま応援大使
島根県観光大使／島根県海士町観光大使

金メダルへの道（第36回世界理容美容技術選手権大会）

生涯現役

二〇一六年十二月二十日　初版第一刷

著者――大森　敬夫
発行者――中村　洋輔
発行所――アトラス出版
〒七九〇―〇〇二三
愛媛県松山市末広町十八―八
TEL089（932）8131
HP userweb.shikoku.ne.jp/atlas/
印刷・製本――株式会社明朗社